酒水 饮料 快消品

餐饮渠道营销手册

Handbook of Alcohol, Beverage & FMCG

Marketing to Restaurants

朱伟杰◎著

中国青年出版社

图书在版编目（CIP）数据

酒水饮料快消品餐饮渠道营销手册/朱伟杰著. —北京：中国青年出版社，2018. 9

ISBN 978 -7 -5153 -5290 -9

Ⅰ. ①酒…　Ⅱ. ①朱…　Ⅲ. ①饮食业—市场营销学—手册　Ⅳ. ①F719. 3 -62

中国版本图书馆 CIP 数据核字(2018)第204661号

酒水饮料快消品餐饮渠道营销手册

朱伟杰 / 著

出版发行：中国青年出版社

地　　址：北京市东四十二条 21 号

邮政编码：100708

责任编辑：刘稚清

封面制作：久品轩

印　　刷：北京旭丰源印刷技术有限公司

开　　本：710 × 1000　1/16

印　　张：19. 75

版　　次：2019 年 4 月北京第 1 版

印　　次：2019 年 4 月第 1 次印刷

书　　号：ISBN 978 -7 -5153 -5290 -9

定　　价：268. 00 元

导读

很多快消品尤其是酒水饮料品牌企业将餐饮渠道的拓展当成鸡肋。一方面，看到餐饮客户蕴藏着巨大的机会点——据辰智餐饮数据显示，2017 年，全国餐饮门店数达到 581 万家。餐饮渠道具有门店数体量庞大，消费需求刚性、高频的特征，也是线上线下体验的重要消费场景。另一方面，由于餐饮业态复杂、服务方式迥异，企业找不到合适的服务模式，导致服务绩效很差，难以支撑组织的推进。

本书作者有着丰富的本土实践经验，渠道操作经验丰富，既有一线大区餐饮渠道销售实战管理经验，又有总部战略规划前瞻性理论，服务过雀巢、康师傅、可口可乐、农夫山泉等企业。本书通过深入洞察餐饮行业特点、渠道服务特点，通过大量的数据分析，建立适合餐饮渠道发展的服务模式，采取保障的组织措施。同时，围绕客户需求和消费者行为，通过行业大数据分析和大量图表、实战案例，分步骤、分类型、有侧重地开展餐饮渠道开发。

在内容上，本书从对餐饮渠道进行深入了解开始，对于售点盘点调研、区域规划和客户布建等内容层层深入，再到具体的组织发展和人员管理，包括不同渠道的开发和打造。既从线下餐饮门店的合作着手，结合经销商的优势资源共同开发，又从线上外卖和供应链平台着手，线上线下一起推动。

本书特别适合酒水饮料等快消品在这个渠道的操作，并能够为广大营销人员提供拿来就能用的工具与方法。希望通过本书的分享，能给正在探索餐饮渠道的同僚们以抛砖引玉的作用。

朱伟杰

2018 年 12 月

目录

第一部分

餐饮渠道特点及服务模式

餐饮渠道类型复杂，服务方式迥异，因而我们需要了解餐饮行业特征、餐饮渠道特点、服务餐饮客户的痛点、服务渠道的难点，有的放矢、因势利导，建立合适的餐饮渠道服务模式、组织保障、客户推进流程和活动跟进方案等，成为餐饮渠道的主宰。

一　餐饮行业的特点

因为餐饮行业属于民生行业，所以餐饮行业具有餐饮门店体量巨大、消费高频、需求刚性、容易规模化等特征。

1. 行业特征

1.1　门店众多

据辰智餐饮大数据研究中心数据显示，截至 2016 年年底，全国餐饮门店增至 602 万家，如图 1 – 1 所示。

1.2　中餐为主，其中普通餐饮占比为 80% 以上

中式餐饮（中式正餐 + 中式快餐 + 火锅）门店占比为 82%，其中主要以中式正餐和中式快餐为主。西式餐厅数量整体占比不到 20%，以面包、甜点居多。韩国料理、日本料理、东南亚菜等亚洲菜系的门店数量不到 2%。

1.3　门店经营各具特色，菜系复杂、经营品类繁多

我们都知道，中国饮食文化源远流长，各地方形成的菜系受气候、地理、历史、物产及饮食风俗不同的影响，经长期演变而自成体系，形成了以八大菜系为主，其他地方菜系为辅的具有鲜明特色的地方风味，如表 1 – 1 所示。

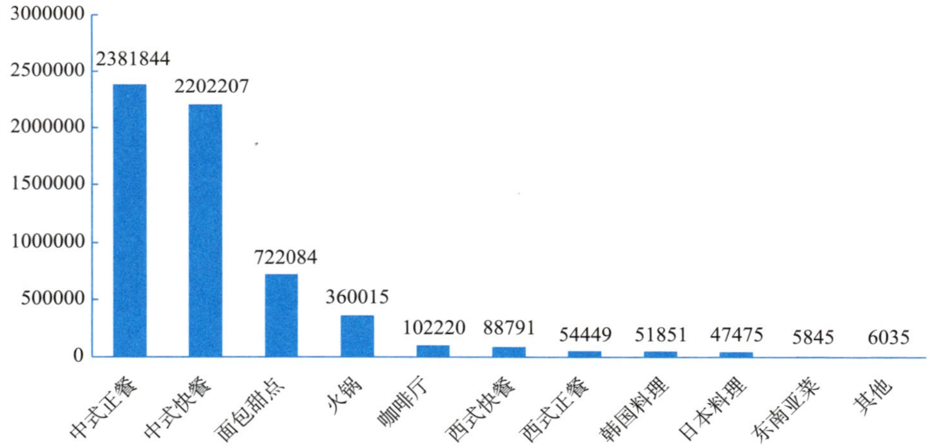

图 1－1　餐饮大数据

数据来源：辰智餐饮大数据研究中心。

表 1－1　八大菜系

	菜系	口味	特色	代表菜品
	四川菜系，简称川菜	重油、重盐、麻辣鲜香	以麻辣、鱼香、家常、怪味、酸辣、椒麻、醋椒为主要特点	红喜兔头、鱼香肉丝、麻婆豆腐、宫保鸡丁、樟茶鸭子、山城辣子鸡等

续表

	菜系	口味	特色	代表菜品
	广东菜系，简称粤菜	原汁原味、咸、鲜、清淡	以选料广泛，讲究鲜、嫩、爽、滑、浓为主要特点。它主要由广东菜、潮州菜和东江菜组成	代表菜品：龙虎斗、脆皮乳猪、咕噜肉、大良炒鲜奶、潮州火筒炖鲍翅、蚝油牛柳、冬瓜盅、文昌鸡等
	山东菜系，简称鲁菜	咸鲜、浓油赤酱	选料精细、刀法细腻，注重实惠，花色多样，善用葱、姜	九转大肠、糖醋鱼、锅烧肘子、葱爆羊肉、葱扒海参、锅塌豆腐、红烧海螺、炸蛎黄、地三鲜等
	江苏菜系，简称苏菜。由淮扬菜、苏州菜、南京菜等组成	甜、黄酒味	制作精细，因材施艺、四季有别，浓而不腻，味感清鲜，讲究造型	烤方、淮扬狮子头、叫花鸡、火烧马鞍桥、松鼠鳜鱼、盐水鸭等
	浙江菜系，简称浙菜，由杭州、宁波、绍兴三种地方风味发展而成	酱香味浓	选料讲究，烹饪独到，注重本味，制作精细 选料讲究，就是做到“细、特、鲜、嫩”4 条原则	西湖醋鱼、东坡肘子、龙井虾仁、干炸响铃、油焖春笋、西湖莼菜汤等
	福建菜系，简称闽菜，以福州和厦门菜为主要代表	咸甜（南部）、香辣（北部）	制作细巧、色调美观、调味清鲜	佛跳墙、太极明虾、闽生果、烧生糟鸭、梅开二度、雪花鸡等
	徽州菜系，简称徽菜，不等同于安徽菜	重油味、重盐	烹调方法上擅长烧、炖、蒸，而爆、炒菜少，重油、重色、重火功	主要名菜有“火腿炖甲鱼”“红烧果子狸”“腌鲜鳜鱼”“黄山炖鸽”等上百种

续表

	菜系	口味	特色	代表菜品
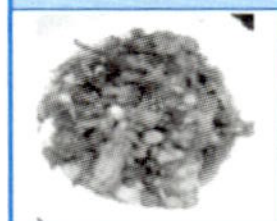	湖南菜系，简称湘菜	重油、重盐、重辣、腌制腊味	以熏、蒸、干炒为主，口味重于酸、辣，辣味菜和烟熏腊肉是湘菜的独特风味	麻辣子鸡、辣味合蒸、东安子鸡、洞庭野鸭、霸王别姬、冰糖湘莲、金钱鱼等

2. 消费特征

2.1 就餐频次高

在受访人群中，每周至少2次以上的外出就餐频次占比高达68%，超过一半以上（55.6%）集中在周末消费，如图1-2所示。

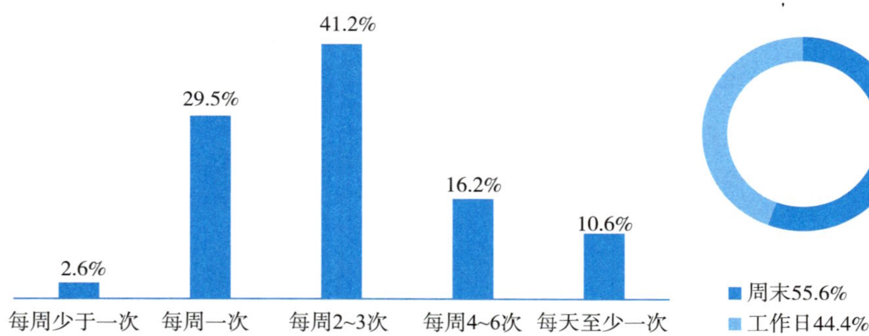

图1-2　就餐频次高

数据来源：餐饮界。

2.2 需求刚性

如表 1－2 所示，消费者大多去传统餐饮店和快餐店吃早餐，主要去中式快餐店和中低档餐饮店吃午餐，去中高档餐饮店吃晚餐。

表 1－2 需求刚性

	普通餐饮	中高档餐饮
消费场合	早餐 33% 吃饭 67%	社交聚会 51% 平常消费 49%
聚餐人数	1.6 人	3.3 人
消费频次	19 次/月	8 次/月
中餐/晚餐	中餐 57% 晚餐 43%	中餐 48% 晚餐 52%
酒水消费占比（含啤酒）	20%	62%

二 餐饮渠道的定义

餐饮渠道有别于现代 MT（Morden Trade）渠道、传统 TT（Traditional Trade）渠道、批发 WS（Whole Saler）渠道，专门为餐饮门店提供食品、含酒精类饮料、非酒精类饮料、乳制品、调料等产品。

1. 主要定义

渠道（Channel）：指产品或服务从生产者向消费者转移过程中所经过的通道或路径，由参与产品或服务转移活动以使产品或服务便于使用或消费的所有组织构成。

餐饮渠道（OP，On Premise）：指品牌商对餐饮门店销售前厅或后厨产品达到消费者所经过的流通环节的过程。由代理商（经销商）、中间商（批发商）、零售商（餐饮门店）参与产品流通过程，共同组成了餐饮渠道。

餐饮渠道流通环节如图 1－3 所示。

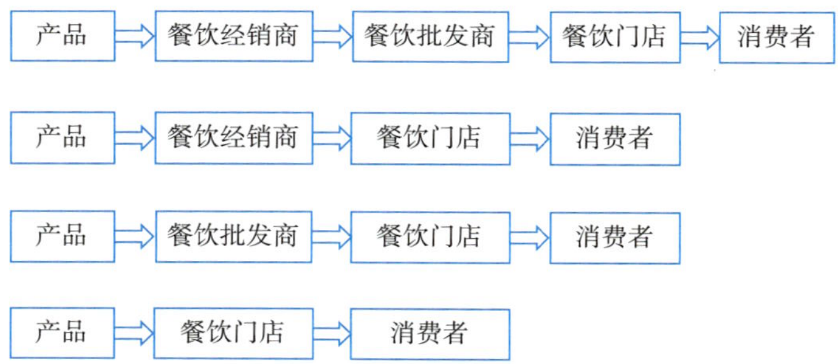

图 1－3　餐饮渠道流通环节

餐饮经销商（CP，Catering Partner）：指在某一特定区域拥有品牌企业所提供的产品经销权，在餐饮门店实现销售的经营主体，从而获得经营利润，代理多品种餐饮产品，经营活动过程不受或很少受品牌企业的限制，与品牌企业责权对等。

餐饮批发商（CW，Catering Wholesaler）：指向品牌企业或餐饮经销商购进餐饮产品，对餐饮门店进行转卖的中间商。这类餐饮批发商拥有当地餐饮门店优质资源，是餐饮经销商短期内无法掌控与服务到的。

普通餐饮批发商：指专门为普通餐饮门店提供酒水饮料一站式服务的中间商，主要服务餐饮一条街、学校周边餐饮、商圈等较为集中的普通餐饮，服务形式一般以车销为主，电话订单为辅。

中高档餐饮批发商：指专门为中高档餐饮提供酒水饮料一站式服务的中间商。这类餐饮批发商实力较强，能为餐饮门店提供一定额度的信用支持，有较强的客户拓展能力，有业务团队，以电话订单为主。

直营（DSD，Direct Store Delivery）：指直接与品牌企业交易的餐饮客户。这类餐饮客户门店（或分仓）分布广，总部对门店的控制要求高，对品牌企业资质要求高，需要品牌企业有良好的服务配送能力、联合推广能力等。

我们通常所说的餐饮渠道就是指零售商（餐饮门店），餐饮经销商和餐饮批发商都是为餐饮零售商提供服务的，属于中间商。餐饮渠道是快速消费品零售渠道中的一个很重要的渠道，又是门槛进入较高、关键人难找、服务要求高、产品进入周期长、回转需要拉动、经营略困难的一个渠道。

根据餐饮门店服务性质、餐饮门店大小、消费者需求层次、就餐场景等，餐饮渠道可分为普通餐饮（传统餐饮）、中档餐饮、高档餐饮。

根据餐饮门店国际性质，餐饮渠道又分为中式餐饮和非中式餐饮。

2. 餐饮子渠道定义

2.1 普通餐饮（Daily E&D）

中式普通餐饮：提供简单、快捷的炒菜，或以粉/面为主，装修简单，主要以散台为主，面积 20 平方米左右，平均就餐人数 1 ~ 2 人，人均消费 20 元左右，无服务人员。

非中式普通餐饮：为消费者提供汉堡热狗、三明治、比萨、泰式和日韩快餐等非中式食品，满足消费者快速用餐的需要，如麦当劳、汉堡王、德克士、味千拉面等。

2.2 中档餐饮（Mid E&D）

中式中档餐饮：装修比较考究，是社交、聚会、交友等重要场合，主要以散台为主，也有少量包间，经营方式为连锁或独立经营，菜式品种较多，人均消费30元以上，有穿制服和迎宾的服务员，服务周到。

非中式中档餐饮：以连锁或独立经营为主，并设有侍应生服务的餐厅、餐馆和饭店，提供中餐以外的各种西餐、日餐、韩国烧烤、东南亚风味餐和酒水饮料，如汉拿山、西提牛排等。

2.3 高档餐饮（High E&D）

中式高档餐饮：主要提供宴席、商务宴请等，人均消费非常高，营业面积1000平方米以上，有专业的服务人员，收取一定的服务费。

非中式高档餐饮：以连锁或独立经营，并设有侍应生服务的餐厅、餐馆和饭店，提供中餐以外的各种西餐、日餐、韩国烧烤、东南亚风味餐和酒水饮料。

三　餐饮渠道的特点

根据餐饮门店经营类别、营业面积、服务要求、就餐人数、人均消费等，将纷繁复杂的餐饮分为普通餐饮和中高档餐饮。

1. 餐饮渠道特点

我们通过渠道特点、进货规律、进货渠道、结账方式、服务形式等加以区分，如表1－3所示。

表 1－3　餐饮渠道特点

	普通餐饮	中高档餐饮
渠道特点	• 客户基数庞大，主要提供早餐和快餐 • 人均消费 20 元左右 • 平均就餐人数在 1～2 人 • 装修简单，以散台为主，没有专职服务员 • 主要经营的品类为：粉/面馆、煲仔饭、盖浇饭、饺子馆、包子、传统烧烤店、简单的炒菜	• 经营面积大，客流大，是社交、商务、聚会的重要场所 • 人均消费 30 元以上 • 平均就餐人数在 3 人以上 • 装修考究，设有服务员，有统一制服 • 主要经营的品类为：中餐、西餐、火锅、自助餐
进货特点	• 店铺面积多为 20～50 平方米 • 无库存或库存较少 • 主要以售卖即饮包装产品为主 • 单次进货在 2～4 件 • 月进货频率在 6～8 次/月 • 要求当天送货	• 经营面积多为 100 平方米以上 • 有固定的仓库，库存较少 • 主要以售卖家庭装产品为主 • 单次进货量在 8～10 件 • 月进货频率在 3～5 次/月 • 要求 24～48 小时送货
进货渠道	就近批发商或专业经营玻璃瓶的酒水批发商	• 一个或多个专业酒水供应商 • 公司直营
结账方式	货到结账	• 固定时间结账 • 需要提供发票
服务形式	车销为主	专业的酒水经销商打包进场或公司直营

2. 服务餐饮客户的难点

2.1　普通餐饮

普通餐饮售点进货习惯于：

- 当天订货当天送货。
- 以车销的形式补货。
- 进货渠道为上游专业酒水批发商或就近批发商。

目前，服务普通餐饮所面临的问题：

第一，送货服务。

- 传统批发难以满足普通餐饮当天及高频次送货的需求。
- 普通餐饮起订量小，难以保证当天送达。
- 餐饮经销商专职服务于中高档餐饮，服务普通餐饮难以满足餐饮经销商的利润需求。

第二，人员服务。

- 线路业代的拜访频次不能满足普通餐饮高频率的补货需求。
- 线路业代日常拜访有绩效考核，因为普通餐饮售点 VPO（每张订单的平均销售额）相对较低，同时普通餐饮需要沟通和执行项目较多，开发周期长，所以线路业代拜访对于普通餐饮售点的开发和关注度不高。
- 专注于开发中高档餐饮的餐饮专职业代无暇顾及普通餐饮的开发。

2.2 中高档餐饮

中高档餐饮售点进货习惯于：

- 及时的送货服务。
- 进货渠道为专业的酒水批发商打包进场或公司直营。

- 需要提供账期和发票，进场费或其他投资费用较高。

目前，服务中高档餐饮所面临的问题有：

第一，送货服务。

- 专职于服务中高档餐饮的经销商很难寻找，其覆盖的密度也不够。
- 送货要求高，一些商圈餐饮客户对送货时间有严格限制。

第二，人员服务。

- 中高档餐饮开发难度高、周期长，业代开发技能不足，导致业代开发和服务中高档餐饮的积极性不高。
- 涉及连锁中高档餐饮客户的开发，线路业代无法进行统筹开发，出现有拜访无开发的低绩效现象。

3. 餐饮渠道服务的类型

笔者经多年餐饮渠道实操及洞察发现：

3.1 普通餐饮

- 大部分的普通餐饮一般提供玻璃瓶的豆奶、低档啤酒的餐饮批发服务，以日常车销为主、电话订单为辅，主要是三轮车机动车销、现结，实力不强。这类批发商一般服务餐饮一条街、大学城、Shopping Mall 相对集中的普通餐饮。
- 送货频次高、起订量少、当天送货，一般选择就近的批发商或经营玻璃瓶的酒水批发。这类餐饮批发商规模小、分布广，能有效地覆盖普通餐饮。

因此，为普通餐饮服务的有 2 种类型：酒水批发商和传统批发。

3.2 中高档餐饮

- 服务中高档餐饮的酒水批发商以啤酒品牌的覆盖率 CR（coverage rate）最高，而畅销啤酒品牌对中高档餐饮的渗透更高，更具有代表性。

覆盖率 = 服务客户数/市场售点数

- 经营中高档餐饮的啤酒批发商实力比较雄厚，能为中高档餐饮提供赊账、发票、对账服务，相应硬件设施如仓库、资金、车辆、人员等也具备要求。这类餐饮批发商规模较大，经营区域较大，服务门店数量多。

服务中高档餐饮有 3 种类型，我们需要提供满足他们需求的服务，如图 1－4 所示。

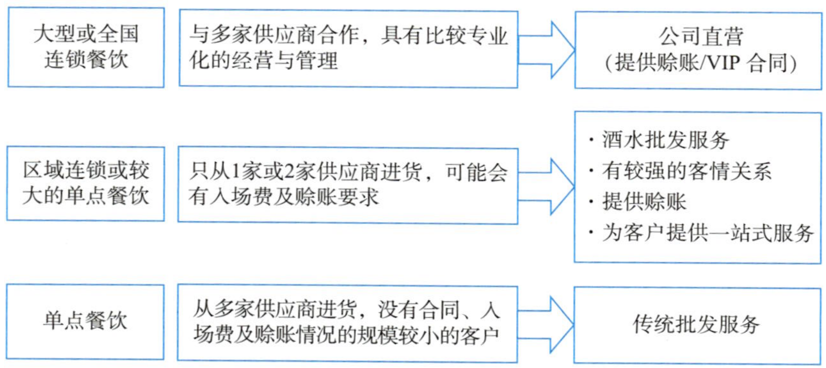

图 1－4　服务中高档餐饮的 3 种类型

服务中高档餐饮的 3 种模式优缺点如表 1－4 所示。

表 1－4　服务中高档餐饮的 3 种模式优缺点

服务类型	优点	缺点
DSD（公司直营）	• 针对竞争激烈、有利于形象展示的餐饮客户，投资点高，建立通路门槛 • 为公司创造高利润 • 有利于整体活动推动	• 送货要求高，公司物流承运商不能满足其要求，损害客情关系 • 起订量达不到要求，存在甩单现象 • 占用业务人员线路开发和拜访时间，变成收款员 • 餐饮行业不稳定，财务风险高
专业酒水批发商	• 维护良好的客情关系 • 一站式酒水服务，解决配送难题 • 有利于快速拓展门店	• 一旦公司不予合作，其服务的下线餐饮客户随之丢失 • 一旦做大，对其掌控难度大 • 市场活动执行难
WS（传统批发）	• 服务快、客情好，纯生意往来 • 解决前期餐饮开店，寻找供应商难的问题	• 一旦其他餐饮批发商介入，客户容易丢失 • 产品不齐全 • 不能提供账期、发票，很难满足餐饮服务要求

基于普通餐饮、中高档餐饮不同的服务要求，我们需要对普通餐饮和中高档餐饮加以区别对待，根据不同餐饮类型选择合适的餐饮合作伙伴来提升餐饮的覆盖率非常重要。

4. 餐饮渠道批发商的分布

一个城市既存在体量较大的、为数不多的餐饮经销商，又存在若干个餐饮批发商，分工合作，服务不同类型的普通餐饮和中高档餐饮，同时传统批发也在服务餐饮。餐饮渠道批发商的分布如图 1－5 所示。

图 1－5　餐饮渠道批发商的分布

这是由于餐饮售点的经营方式迥异，经营特点独特，经营模式差异较大，经营时间及对产品配送要求不同决定的。同时，也是由啤酒、白酒等品牌企业精耕细作区块经营形成的。

5. 对餐饮渠道的服务模式

模式一：经销商模式。

该模式是以经销商为主体的操作模式，强调经销商对餐饮市场操作的主体性，给一定的价格支持或投资比例。通过经销商自身网络能力掌控餐饮售点，未能完全覆盖餐饮终端则由餐饮批发商网络加以补充。这种模式对经销商要求比较高，如仓库、车辆、资金、业务团队、代理酒水品牌数量、服务客户数、年度销量、月度绩效达成等。餐饮经销商如图 1－6 所示。

或由传统经销商服务。在一些餐饮客户数、销售规模达不到架设餐饮经销商要求的城市，在传统经销商服务模式下布建餐饮批发商以培育市场，达到规模后，再发展升级成为餐饮经销商。如图 1 –7 所示。

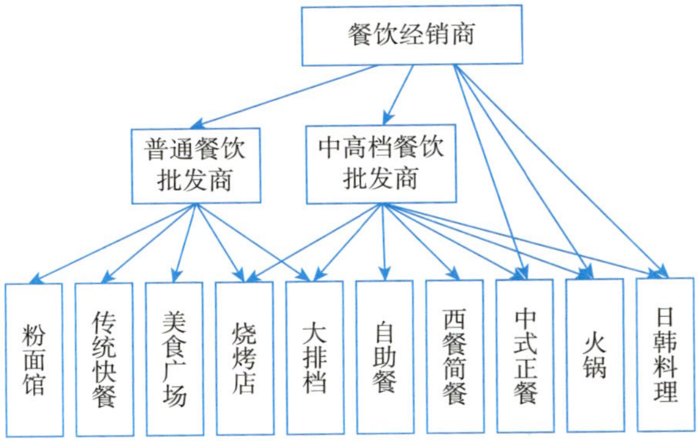

图 1 –6　餐饮经销商

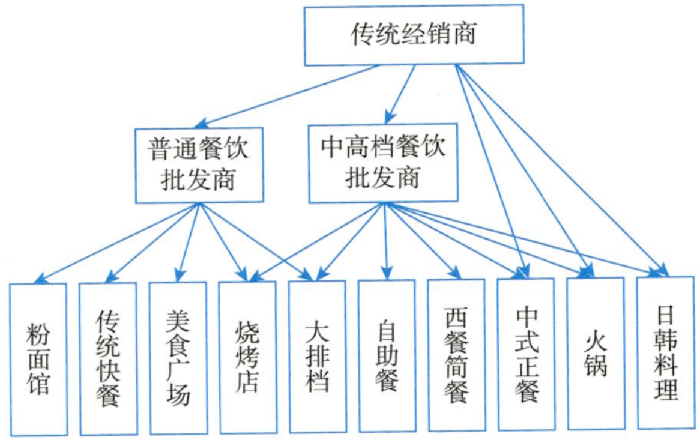

图 1 –7　传统经销商

模式二：直营餐饮批发商模式。

该模式适合有装瓶厂、城市库的城市，供应链扁平化，减少通路层级，对餐饮批发商起订量要求不高，甚至还可以拼车服务。该模式适合在不同等级城市开展餐饮渠道，并且可以大规模建立餐饮渠道覆盖模式。如图 1 –8 所示。

DSD（直营客户的服务）：与公司直接交易与服务的餐饮客户。服务的客户类型包括：NKA 连锁餐饮、RKA 连锁餐饮、餐饮供应链企业、外卖、餐饮新零售客户等。

经销商和批发商两种模式是大部分品牌企业服务餐饮的主要模式。通过对这两种服务模式的比较，有利于我们进一步认识餐饮渠道，提高餐饮渠道开发、运营效率。

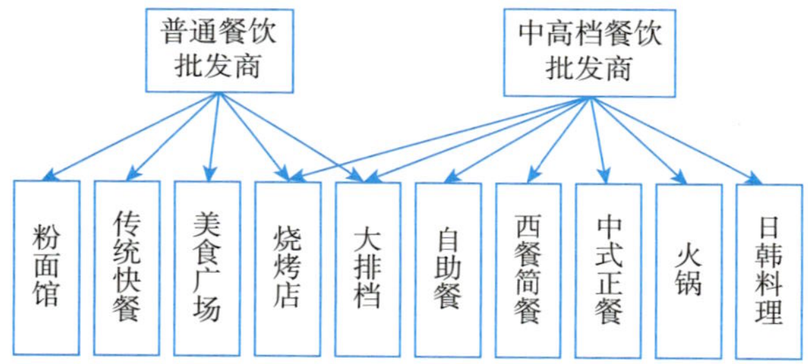

图1－8　直营餐饮批发商模式

（1）餐饮经销商。

一个城市选择1～2家餐饮经销商，对于品牌企业前期利用其规模效应打开餐饮市场还是非常有帮助的，但是规模过大，不利于掌控。同时餐饮渠道供货的复杂性，会存在餐饮经销商与餐饮批发商在渠道上争利，经销商只服务规模较大的、连锁的、影响力较大的餐饮，而餐饮批发商也具有掌控这部分餐饮渠道的能力，容易形成渠道冲突。同时，餐饮经销商对餐饮渠道的覆盖也是不够的。

（2）传统经销商。

传统经销商在生意上以“短、平、快”为主，其主要生意不在餐饮渠道，往往服务一部分的餐饮批发商，很少涉及对餐饮门店的服务；对送货量少、赊账客户，服务与支持的意愿很低，而其服务的餐饮批发商只是其出货的下水道而已；餐饮批发商更不会将下线门店信息同传统经销商分享，所以只会各做各的生意。

（3）直营餐饮批发商。

一个城市 80% 以上的餐饮渠道都是由餐饮批发商的服务来实现的，但是每个餐饮批发商的规模不一样，起订量也不一样。如果当地有城市库或装瓶厂，就能解决餐饮批发商产品配送的问题。品牌企业组建餐饮团队对餐饮批发商下线餐饮客户提供服务，双向服务的叠加，同时又有各自的分工，有利于加快餐饮渠道的覆盖，是比较理想的餐饮渠道服务模式。

第二部分

餐饮售点的盘点调查

为全面了解精耕城区餐饮售点资料，合理安排人员配置、组建适配的组织架构及规划餐饮服务模式，需要对精耕城区的餐饮售点进行全面了解。

餐饮售点调查是搜集、汇整、评估、分析特定区域网点分布情况、各类型餐饮售点数、热门商圈餐饮售点分布、消费场景、人均消费等，对确定开发步骤，聚焦开发大型及连锁餐饮客户、确立普通餐饮的开发方式、提供餐饮经销商/批发商信息等都非常重要。

一　餐饮售点盘点调查的启动

为了摸清餐饮客户售点类型、分布情况，必须对启动区域餐饮市场进行盘点调查，以利于规划启动区域开发重点和策略。

1. 盘点调查方式

- 目的：了解餐饮售点各区域的分布及市场的基本信息，精准掌握餐饮售点信息，为开发餐饮渠道提供第一手资料。
- 盘点方式：通过餐饮 O2O，外卖平台的 PC 端、APP 等终端设备搜索餐饮售点，如美团点评、口碑、百度糯米、饿了么等，进行首轮客户信息盘点。
- 盘点范围：M/U1 城市的精耕城区（M = Metro，特大城市；U1 = Urban 1，省会城市、直辖市）。
- 盘点调查流程图如图 2 – 1 所示。

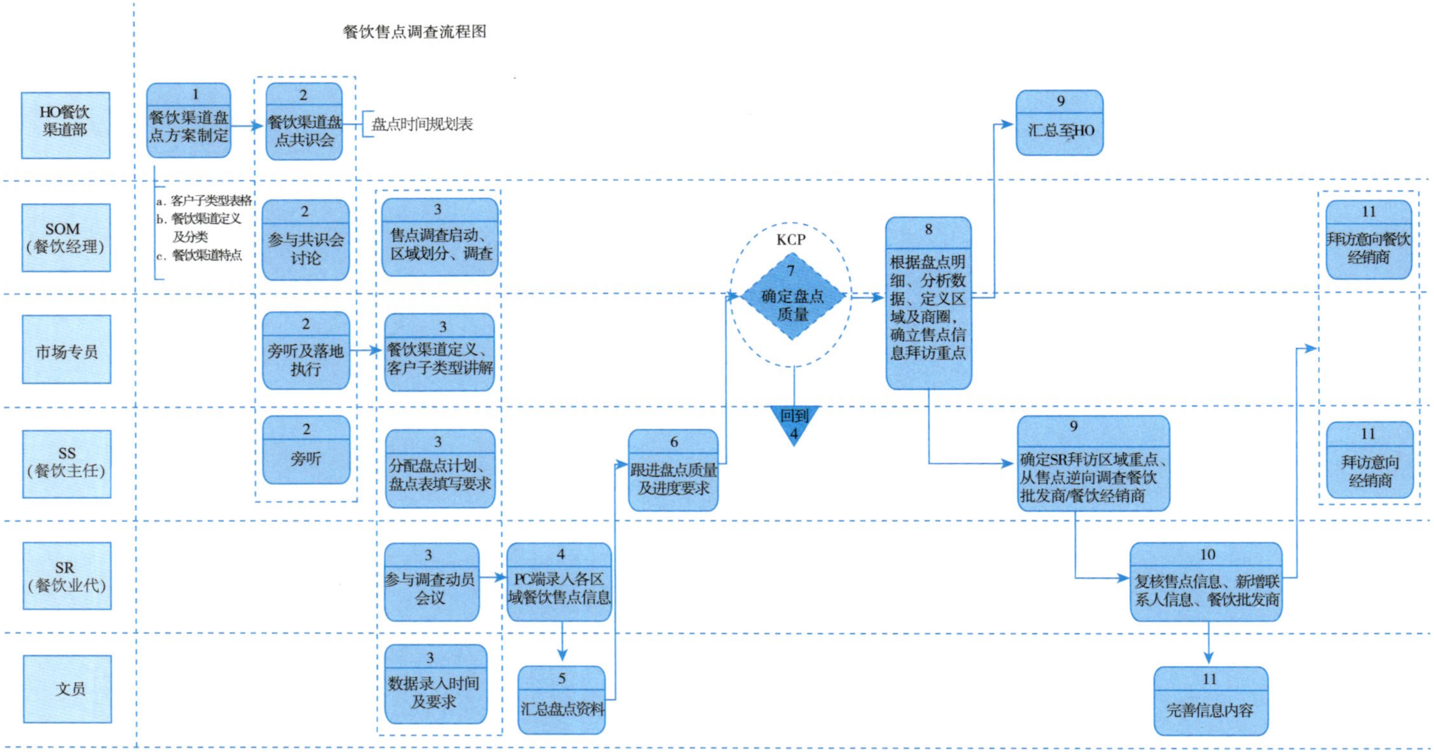
餐饮售点调查流程图
HO餐饮渠道部
SOM（餐饮经理）
市场专员
SS（餐饮主任）
SR（餐饮业代）
文员
1 餐饮渠道盘点方案制定
a. 客户子类型表格
b. 餐饮渠道定义及分类
c. 餐饮渠道特点
2 餐饮渠道盘点共识会
盘点时间规划表
2 参与共识会讨论
2 旁听及落地执行
2 旁听
3 售点调查启动、区域划分、调查
3 餐饮渠道定义、客户子类型讲解
3 分配盘点计划、盘点表填写要求
3 参与调查动员会议
3 数据录入时间及要求
4 PC端录入各区域餐饮售点信息
5 汇总盘点资料
6 跟进盘点质量及进度要求
KCP
7 确定盘点质量
回到4
8 根据盘点明细、分析数据、定义区域及商圈，确立售点信息拜访重点
9 汇总至HO
9 确定SR拜访区域重点、从售点逆向调查餐饮批发商/餐饮经销商
10 复核售点信息、新增联系人信息、餐饮批发商
11 拜访意向餐饮经销商
11 拜访意向经销商
11 完善信息内容

图 2－1　盘点调查流程图

2. 盘点调查时间规划表

盘点调查时间规划表如表 2 - 1 所示。

表 2 - 1　盘点调查时间规划表

步骤	项目	具体工作	相关表单	责任人	天数
1	餐饮盘点调查方案拟定	1）制定盘点方案 2）各流程节点的控制 3）试点区域盘点调查	附表 1《餐饮售点盘点表》 附表 2《餐饮售点调查表》 附表 3《渠道类型表》 附表 4《盘点调查时间规划表》	HO 餐饮渠道部	7
2	餐饮渠道盘点调查共识会	启动全国餐饮渠道会议	附表 1《餐饮售点盘点表》 附表 2《餐饮售点调查表》 附表 3《渠道类型分类表》 附表 4《盘点调查时间规划表》	HO 餐饮渠道部、各区域餐饮渠道经理、市场专员、餐饮主任	1
3	各区域餐饮渠道盘点调查前准备工作	1）优选本区域餐饮 O2O 覆盖最高的平台 2）盘点调查任务分配 3）准备会议资料	附表 1《盘点调查工作分配表》	餐饮渠道经理、市场专员、餐饮主任、文员	1
4	各区域餐饮渠道盘点调查启动	1）集中学习盘点调查方案 2）规划盘点区域 3）分配盘点工作及盘点时间要求 4）表格填写要求 5）盘点方案演练	附表 1《餐饮售点盘点表》 附表 2《餐饮售点调查表》 附表 3《渠道类型分类表》 附表 4《盘点调查时间规划表》 附表 5《盘点调查工作分配表》	餐饮渠道经理、市场专员、餐饮主任、文员	1

续表

步骤	项目	具体工作	相关表单	责任人	天数
5	盘点执行	1）集中组织餐饮业代办公室录入信息 2）SOM、MS、SR 及时咨询、了解进度 3）先盘点销售区域所在地城市，再盘点非区域所在地地级市	附表 1《餐饮售点盘点表》 附表 2《餐饮售点调查表》 附表 3《渠道类型分类表》	餐饮渠道经理、市场专员、餐饮主任、文员	5
6	汇总盘点资料	将所有业代的盘点表格分天汇总	附表 1《餐饮售点盘点表》	文员	1
7	审核盘点资料	1）审核盘点表 2）将盘点表汇总至 HO	附表 1《餐饮售点盘点表》	餐饮渠道经理、市场专员	1
8	分析盘点资料	1）从区域、客户子类型、美食类别、人均消费、商圈、消费者画像多维度分析餐饮渠道售点的分布特点、不同类型美食类别规模等寻找机会点、人员配置 2）制定调查计划	分析表单	餐饮渠道经理、市场专员、餐饮主任、文员	1
9	调查启动	1）文员打印区域调查表格 2）分析餐饮盘点表 3）盘点要求及进度	附表 1《餐饮售点调查表》 附表 2《餐饮售点调查区域表》	餐饮渠道经理、市场专员、餐饮主任、餐饮业代、文员	12
10	意向餐饮经销商沟通	根据业代盘点信息，拜访意向餐饮经销商	附表 1《餐饮售点调查表》	餐饮渠道经理、餐饮主任	随机

3. 区域盘点调查工作分配及相关表单

3.1 盘点调查工作分配

盘点调查工作分配如表 2－2 所示。

表 2－2 盘点调查工作分配

人员分工	具体工作
SOM（餐饮经理）	1. 负责盘点调查整个工作 2. 监控每个时间节点的工作 3. 对盘点调查质量负责 4. 分析汇总盘点调查数据 5. 一线调查，掌握调查方式方法
MS（销售企划）	1. 协助 SOM 盘点调查工作 2. 盘点调查会议的宣导启动 3. 分析盘点调查数据 4. 一线调查，掌握调查方式方法
SS（餐饮主任）	1. 分配盘点调查任务 2. 掌握盘点调查进度 3. 对盘点调查结果负责 4. 一线调查，掌握调查方式方法
SR（餐饮业代）	1. 高质量按期完成盘点调查数据 2. 及时反馈工作进度与问题描述 3. 调查信息及时上报，以求快速解决与跟进

续表

人员分工	具体工作
SA（销售助理）	1. 汇总盘点调查数据 2. 及时反馈数据问题 3. 打印相关表单 4. 绘制区域售点图

3.2 相关表单

餐饮渠道分类及美食类别划分如表 2－3 所示。

表 2－3 餐饮渠道分类及美食类别划分

渠道代码	渠道分类	代码	消费者子渠道	美食类别
11	普通餐饮	115	中式普通餐饮	小吃快餐、家常菜、快餐便当、小吃炸串、香锅冒菜、烧烤
		116	非中式普通餐饮	汉堡、比萨
12	中档餐饮	125	中档中餐	自助餐、粤菜、川菜、杭帮/江浙菜、小龙虾、火锅、创意菜、东北菜、西北菜、私房菜、湘菜
		126	非中式中档餐饮	日本料理、韩国料理、东南亚菜、西餐
13	高档餐饮	135	中式高档餐饮	粤菜、川菜、海鲜、湘菜、茶餐厅
		136	非中式高档餐饮	日本料理、韩国料理

人均消费价格如表 2－4 所示。

表 2－4　人均消费价格

A	20 元以下	中式普通餐饮
	30 元左右	非中式普通餐饮
B	25～50 元	中档餐饮
C	50～100 元	
D	100 元以上	高档餐饮

《餐饮售点盘点表》如表 2－5 所示。

表 2－5　《餐饮售点盘点表》

序号	城市	区域	客户名称	渠道代码	渠道分类	代码	消费者子渠道	美食类别	细分	人均消费价格（元）	商圈	口味	环境	服务	氛围/场景
1	杭州	西湖区	汉堡王（杭州欧美中心店）	11	普通餐饮	116	非中式普通餐饮	小吃快餐	快餐简餐	32	高新文教区	8.1	8.2	7.8	
2	杭州	西湖区	一笼一蒸烧卖（城西银泰店）	11	普通餐饮	115	中式普通餐饮	小吃快餐	快餐简餐	22	城西银泰	8.3	8.1	8.2	

续表

序号	城市	区域	客户名称	渠道代码	渠道分类	代码	消费者子渠道	美食类别	细分	人均消费价格（元）	商圈	口味	环境	服务	氛围/场景
3	杭州	西湖区	全州拌饭	11	普通餐饮	115	中式普通餐饮	韩国料理	快餐简餐	24	古墩路沿线	8. 3	8	8. 6	
4	杭州	西湖区	浙大留学生食堂	11	普通餐饮	115	中式普通餐饮	小吃快餐	快餐简餐	24	西湖北线/黄龙	7. 5	6. 7	6. 8	
5	杭州	西湖区	德克士（五洲国际店）	11	普通餐饮	116	非中式普通餐饮	小吃快餐	快餐简餐	33	古墩路沿线	8. 2	8. 2	7. 7	
6	杭州	西湖区	老做鸡蛋饼	11	普通餐饮	115	中式普通餐饮	小吃快餐	快餐简餐	6	西湖北线/黄龙	8	7	7. 2	
7	杭州	西湖区	大雄家烧味钵仔	12	中档餐饮	125	中档中餐	粤菜	茶餐厅	45	高新文教区	7. 9	8. 2	8. 2	
8	杭州	西湖区	些食	11	普通餐饮	115	中式普通餐饮	小吃快餐	快餐简餐	32	高新文教区	8. 1	7. 7	8	

续表

序号	城市	区域	客户名称	渠道代码	渠道分类	代码	消费者子渠道	美食类别	细分	人均消费价格（元）	商圈	口味	环境	服务	氛围/场景
9	杭州	西湖区	一人宴	11	普通餐饮	115	中式普通餐饮	小吃快餐	快餐简餐	38	古墩路沿线	7.6	7.9	8.1	
10	杭州	西湖区	郑文琪龙虾盖浇饭（万塘店）	11	普通餐饮	115	中式普通餐饮	小吃快餐	快餐简餐	28	高新文教区	8	7.4	7.8	
11	杭州	西湖区	两个先森的韩国炸鸡	11	普通餐饮	115	中式普通餐饮	小吃快餐	快餐简餐			7.2	7.5	7.6	
12	杭州	西湖区	喵七公（文三店）	11	普通餐饮	115	中式普通餐饮	小吃快餐	快餐简餐	45	高新文教区	7.1	7.2	7.4	
13	杭州	西湖区	麦当劳（杭州黄龙店）	11	普通餐饮	116	非中式普通餐饮	小吃快餐	快餐简餐	28	西湖北线/黄龙	7.6	7.6	7.4	
14	杭州	西湖区	真功夫（文二店）	11	普通餐饮	115	中式普通餐饮	小吃快餐	快餐简餐	22	古墩路沿线	7.7	7.6	7.5	

续表

序号	城市	区域	客户名称	渠道代码	渠道分类	代码	消费者子渠道	美食类别	细分	人均消费价格（元）	商圈	口味	环境	服务	氛围/场景
15	杭州	西湖区	东池便当	11	普通餐饮	115	中式普通餐饮	小吃快餐	快餐简餐	25	西湖北线/黄龙	6.8	7.3	7.2	

以行政区为单位分配至餐饮业代盘点。不同区域的餐饮 O2O 平台的 PC 端对美食类别的覆盖不一样，因此选择当地区域覆盖第一的餐饮 O2O 平台作为对餐饮售点搜索的路径，这样比较有代表性，以确保盘点资料的完整性、科学性、有效性。

《餐饮售点调查表》如表 2－6 所示。

表 2－6　《餐饮售点调查表》

序号	城市	区域	客户名称	地址	电话	联系人	渠道代码	渠道分类	代码	消费者子渠道	美食类别	细分	人均消费价格（元）	商圈	口味	环境	服务	氛围/场景	桌数	是否有本品销售	服务商	联系人	电话	地址
1	杭州	西湖区	汉堡王（杭州欧美中心店）	教工路 26 号欧美中心 2 号楼 F108、F109、F202 室	0571－89774780		11	普通餐饮	116	非中式普通餐饮	小吃快餐	快餐简餐	32	高新文教区	8.1	8.2	7.8							
2	杭州	西湖区	一笼一蒸烧卖（城西银泰店）	丰登街 379 号一楼水电五金隔壁（丰潭路与丰登街交口）	0571－86871380		11	普通餐饮	115	中式普通餐饮	小吃快餐	快餐简餐	22	城西银泰	8.3	8.1	8.2							

续表

序号	城市	区域	客户名称	地址	电话	联系人	渠道代码	渠道分类	代码	消费者子渠道	美食类别	细分	人均消费价格（元）	商圈	口味	环境	服务	氛围/场景	桌数	是否有本品销售	服务商	联系人	电话	地址
3	杭州	西湖区	全州拌饭	余杭塘路799号五洲国际广场1楼2号楼大门边上	0571－85100635		11	普通餐饮	115	中式普通餐饮	韩国料理	快餐简餐	24	古墩路沿线	8.3	8	8.6							
4	杭州	西湖区	浙大留学生食堂	浙大路38号浙江大学玉泉校区内	0571－87951828		11	普通餐饮	115	中式普通餐饮	小吃快餐	快餐简餐	24	西湖北线/黄龙	7.5	6.7	6.8							
5	杭州	西湖区	德克士（五洲国际店）	余杭塘路799号五洲国际广场1－52号	0571－87203075		11	普通餐饮	116	非中式普通餐饮	小吃快餐	快餐简餐	33	古墩路沿线	8.2	8.2	7.7							
6	杭州	西湖区	老做鸡蛋饼	玉古路近浙大求是村底商			11	普通餐饮	115	中式普通餐饮	小吃快餐	快餐简餐	6	西湖北线/黄龙	8	7	7.2							
7	杭州	西湖区	大雄家烧味钵仔	黄姑山路32号	0571－85153585		12	中档餐饮	125	中档中餐	粤菜	茶餐厅	45	高新文教区	7.9	8.2	8.2							
8	杭州	西湖区	些食	黄姑山路21－3号	18367122742		11	普通餐饮	115	中式普通餐饮	小吃快餐	快餐简餐	32	高新文教区	8.1	7.7	8							
9	杭州	西湖区	一人宴	余杭塘路799号五洲国际1号楼2楼	4000011977		11	普通餐饮	115	中式普通餐饮	小吃快餐	快餐简餐	38	古墩路沿线	7.6	7.9	8.1							
10	杭州	西湖区	郑文琪龙虾盖浇饭（万塘店）	万塘路18号黄龙时代广场负一楼	13750855009		11	普通餐饮	115	中式普通餐饮	小吃快餐	快餐简餐	28	高新文教区	8	7.4	7.8							

续表

序号	城市	区域	客户名称	地址	电话	联系人	渠道代码	渠道分类	代码	消费者子渠道	美食类别	细分	人均消费价格（元）	商圈	口味	环境	服务	氛围/场景	桌数	是否有本品销售	服务商	联系人	电话	地址
11	杭州	西湖区	两个先森的韩国炸鸡	文二路218号	18645863777		11	普通餐饮	115	中式普通餐饮	小吃快餐	快餐简餐			7.2	7.5	7.6							
12	杭州	西湖区	喵七公（文三店）	黄姑山路48号13幢105室（布丁酒店隔壁）	18969929361		11	普通餐饮	115	中式普通餐饮	小吃快餐	快餐简餐	45	高新文教区	7.1	7.2	7.4							
13	杭州	西湖区	麦当劳（杭州黄龙店）	曙光路黄龙广场东侧	0571－87635525		11	普通餐饮	116	非中式普通餐饮	小吃快餐	快餐简餐	28	西湖北线/黄龙	7.6	7.6	7.4							
14	杭州	西湖区	真功夫（文二店）	古墩路352号（近文二西路）	0571－87381970		11	普通餐饮	115	中式普通餐饮	小吃快餐	快餐简餐	22	古墩路沿线	7.7	7.6	7.5							
15	杭州	西湖区	东池便当	文三路573号	0571－88385153		11	普通餐饮	115	中式普通餐饮	小吃快餐	快餐简餐	25	西湖北线/黄龙	6.8	7.3	7.2							

《餐饮售点调查表》是基于《餐饮售点盘点表》的信息，餐饮业代通过到售点现场调查、核实、问询进一步搜寻信息获取的，以便对区域餐饮售点有进一步了解，为后期搜寻餐饮经销商/批发商提供第一手资料。

二　餐饮售点盘点调查资料的分析

湖北省（如图2－2所示）位于中国中部，是长江中下游重要省份，餐饮市场发达，其中，省会城市武汉餐饮市场最为发达。在 2015 年中国特色餐饮集团 50 强中，武汉有两家餐饮公司入围，其他地级市宜昌、襄阳、荆州、黄石餐饮市场也较为发达，后面我们将在 U2 城市的盘点调查中展开。现在我们选取湖北省武汉市餐饮售点进行试点盘点（数据为模拟数据）工作。

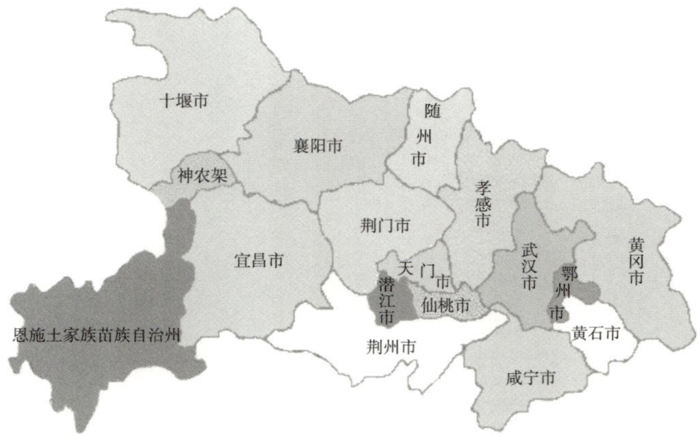

图 2－2　湖北省

1. 餐饮门店数及其区域分布

江汉区为武汉重要商业区，餐饮门店数排第一；武昌区和洪山区为武汉高校重要区域和省政府所在地，大众化消费和高端消费并行发展，餐饮门店数分别排第二位、第三位，这为餐饮渠道人员布局提供了重要依据，如图 2－3 所示。

2. 菜系门店分布

在菜系门店分布中，小吃快餐、粉面馆占比 42%，说明主要以日常就餐为主；湖北菜、小龙虾、火锅占比达到 27%，这是消费者重要的就餐场合，如图 2－4 所示。

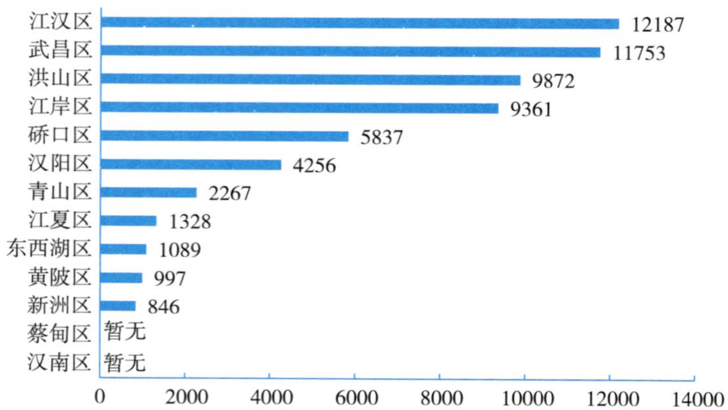

图 2－3　餐饮门店数及其区域分布

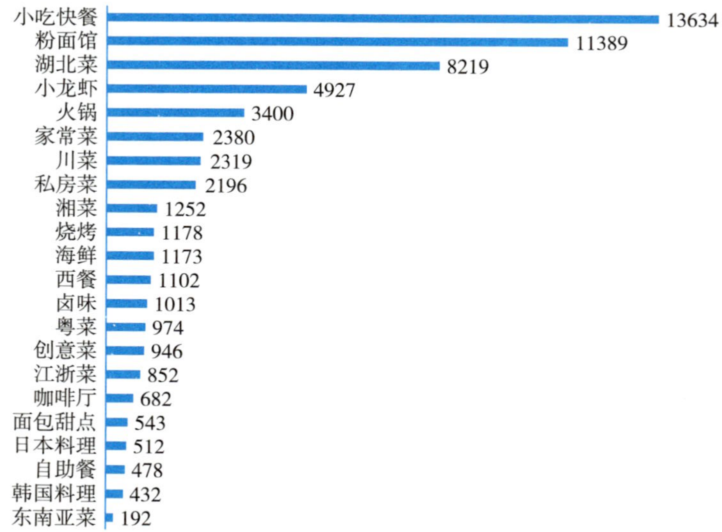

图 2－4　菜系门店分布

3. 热门商区餐饮门店数

在众多商区中，选取了 14 个武汉最热门、最有代表性、最有影响力的商圈。这些商圈餐饮门店集中，适合大规模开发，是后期人力布建、提高组织运营效率最重要的基础数据，如图 2－5 所示。

图 2－5　热门商圈餐饮门店数

4. 就餐氛围及目的

如图 2－6 所示，41% 的消费者是在普通餐饮渠道满足日常就餐的，26% 的消费者以朋友就餐满足社交需求。根据这些门店提供的场合氛围，为餐饮渠道未来促销的跟进提供了重要依据。

5. 餐饮渠道门店分布

如图 2－7 所示，高达 80% 的餐饮门店是普通餐饮渠道，主要满足日常就餐所需，也是餐饮渠道服务模式建立和人员配置的重要依据。

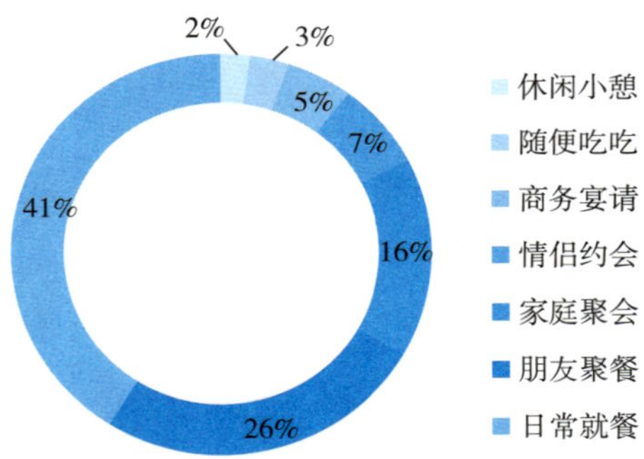

图 2－6　就餐氛围分类

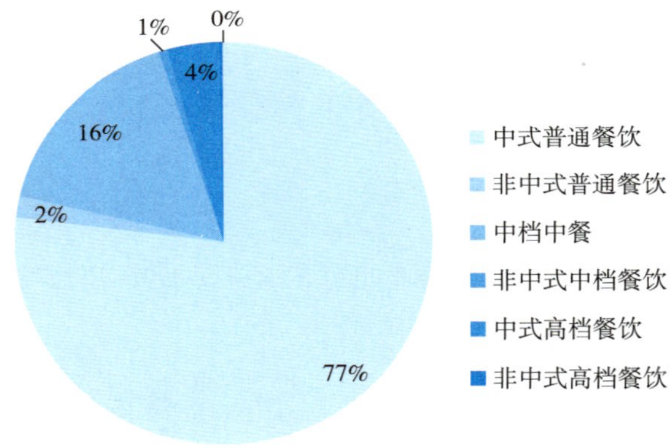

图 2－7　餐饮渠道门店分布

三　区域开发策略及服务组织保障

1. 开发策略的整理

根据售点盘点调查资料的分析，整理出开发策略。

A. 确定优先开发区域

如图 2－8 所示，根据餐饮售点分布，确定优先开发区域（以前面的数据为例）：江汉区（商业集中区域）、武昌区和洪山区（政府和高校集中区域）、江岸区（商业集中区域）、硚口区（新兴住宅区域）。

再扩展开发区域：汉阳区（包含开发区）、青山区。

郊区东西湖区、黄陂区、新洲区、江夏区、汉南区、蔡甸区售点数较少、较为分散，人员服务跨度较大，不适合专职餐饮业代的拓展，餐饮售点交由当地营业所服务。

B. 锁定重要商圈。

根据商圈餐饮售点数密集程度，锁定开发武汉 TOP10 商圈：光谷/鲁巷、江汉路步行街、徐东大街、中南路、楚河/汉街、万松园、水果湖、古田路、武汉广场、石牌岭/街道口，如图 2 –9 所示。

图 2 –8　确定优先开发区域

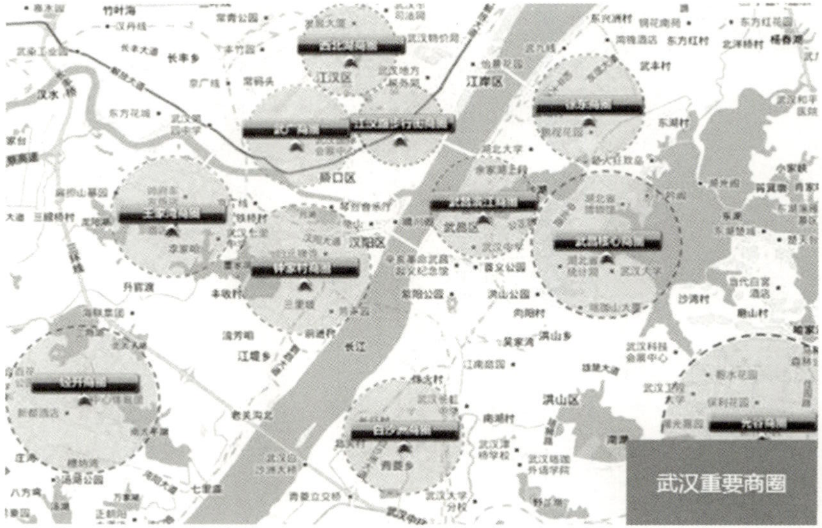

图 2 –9　武汉 TOP10 商圈

C. 客户开发策略。

普通餐饮：建立普通餐饮专职业代，以 TOP10 商圈为依托，逐步展开。

中高档餐饮：建立中高档餐饮开发专职团队，锁定 TOP100 客户开发清单。

2. 建立组织架构

确定优先开发区域后，设定人员服务区域，根据人力配置原则，合理配置餐饮各层级人员。随着餐饮客户开发的跟进和 RTM（Route to Market 服务模式）客户布建的完善，再逐步增加人力，完善餐饮组织架构。如图 2－10 所示。

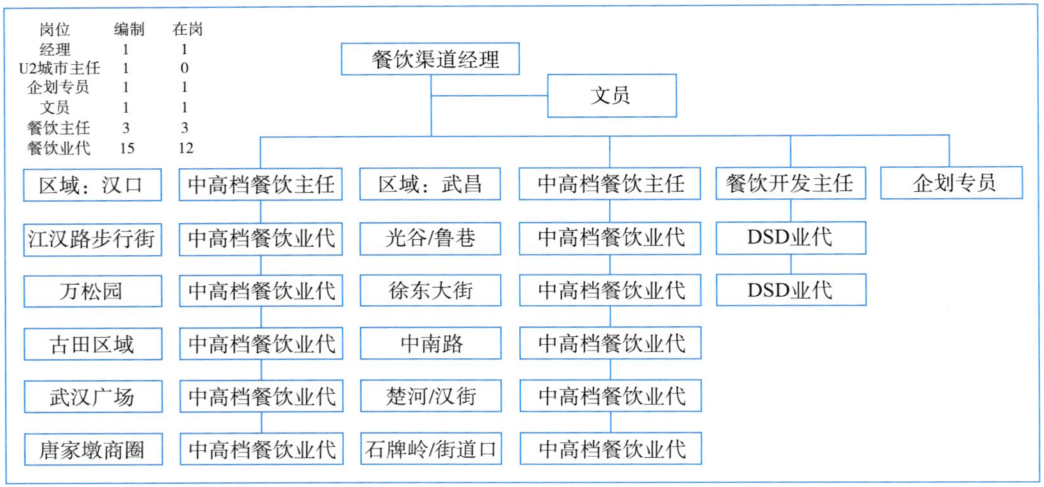

图 2－10　餐饮组织架构

3. RTM 模式构建

根据餐饮售点盘点资料，寻找合适的餐饮批发商，建立与人员相匹配的餐饮渠道服务模式，更好地覆盖餐饮渠道。如图 2－11 所示。

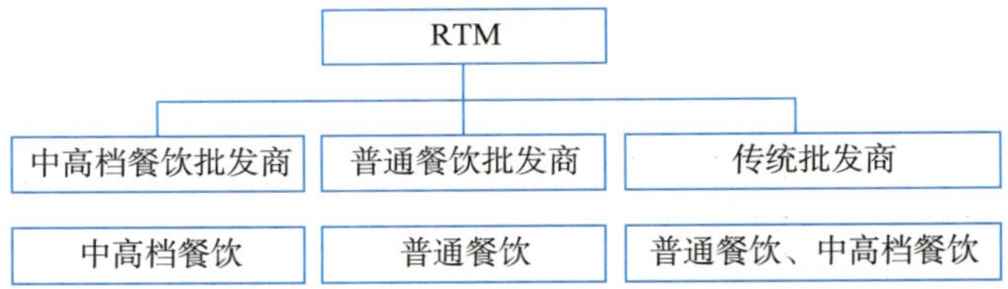

图 2－11　RTM 模式

4. 客户开发和激励计划

针对餐饮批发商区域下线餐饮售点设定开发目标，分时间节点推进，同时针对与餐饮售点开发相关联的批发商、消费者、业务团队的激励计划，火力全开，快速启动。

批发商：刺激餐饮批发商利用自身客户资源优势快速铺货。

售点（店主）：激励店主愿意售卖、多售卖。

售点（服务员）：积极向消费者推荐产品。

消费者：套餐搭配、满额送等活动得到实惠。

销售人员：激励销售人员全员动员、全力开发客户。

餐饮渠道年度开发计划如图 2－12 所示。

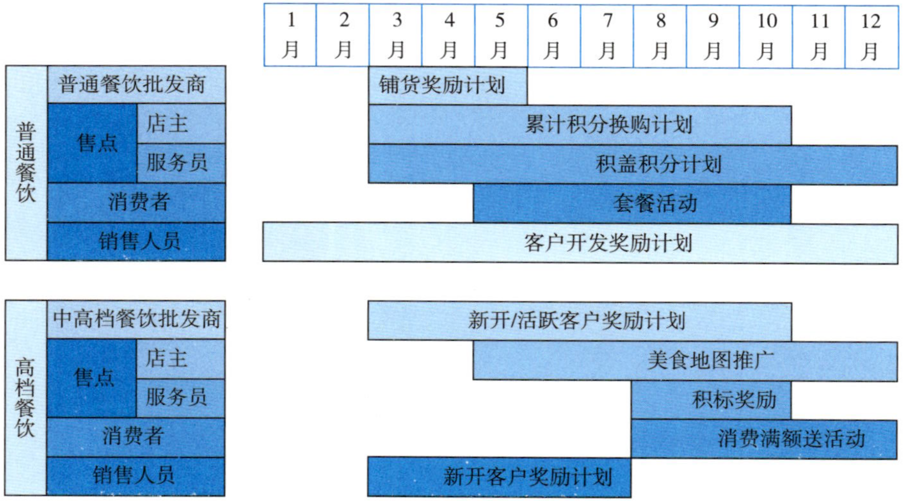

图 2－12　餐饮渠道年度开发计划

四　U2 城市餐饮售点的盘点

随着城市化的进程，U2 城市化推动加速，一些商业综合体持续开发，吸引大量餐饮店入驻。另外，连锁餐饮在 U1 城市开店发展空间越来越小，全国、地区连锁餐饮客户进一步向 U2 城市渗透拓展，U2 城市餐饮发展呈现蓬勃发展态势。因此，我们在 U1 城市成功启动餐饮渠道开发后，U2 城市须随即展开。

1. 盘点调查流程

为了精准开发 U2 城市餐饮渠道，需要掌握 U2 城市餐饮网点及其分布，可借鉴 U1 城市餐饮售点盘点调查经验，对 U2 城市主城区的餐饮售点进行盘点调查。如图 2 – 13 所示。

2. 确立开发区域和服务组织保障 （参照 U1 城市数据分析展开）

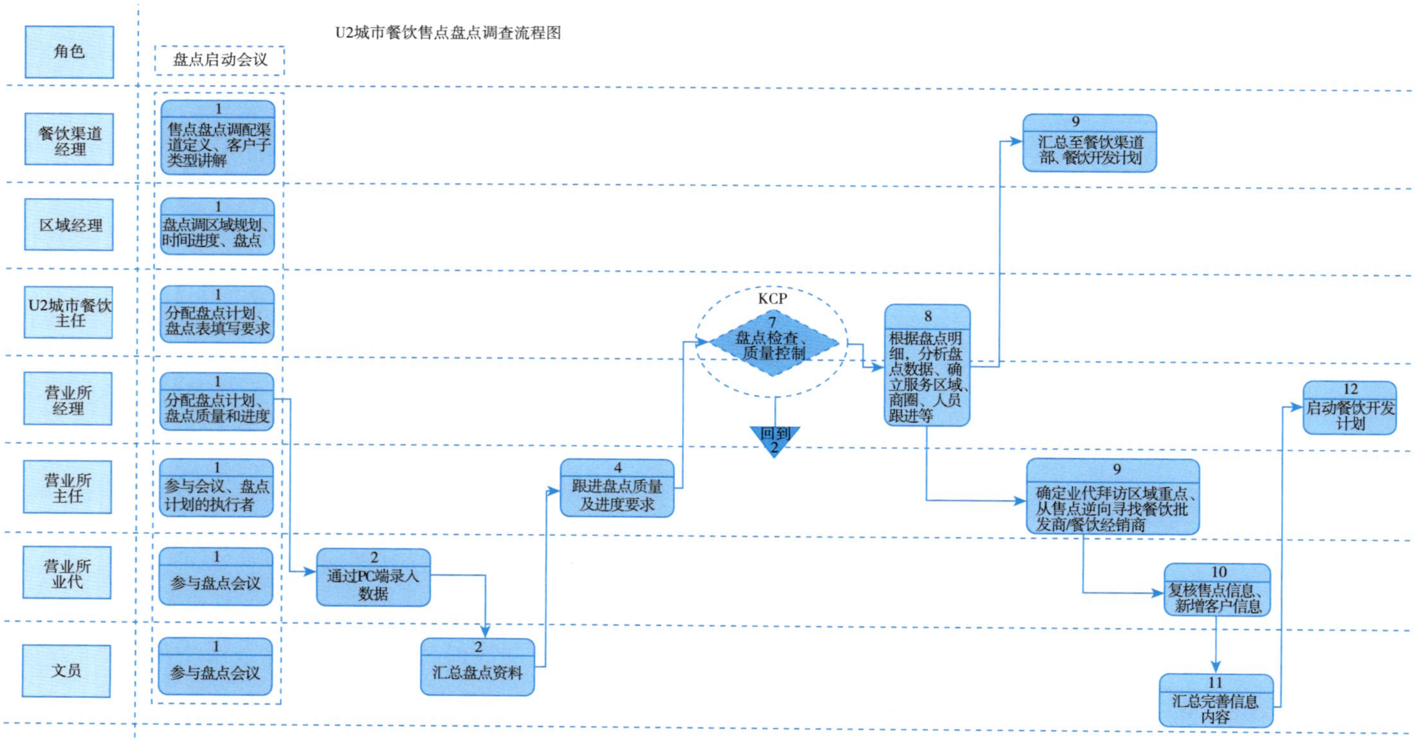

图 2－13　U2 城市主城区的餐饮售点盘点流程

第三部分

餐饮渠道区域规划和客户布建

餐饮渠道是一个需要时间与经验积淀的渠道，区域拓展、客户开发、组织扩展、人员养成等需要时间，经验需要总结与复制。而未对区域进行精准的定位，通路服务模式未进行整合与筛选，盲目地发展与扩大餐饮组织架构和人力布建，势必造成人员绩效短期无法提高、客户服务模式崩盘。最后，裁撤餐饮组织架构，撤出餐饮渠道发展计划。因此，一个精准的区域定位发展计划、一个渐进式的服务模式、一个扁平化的餐饮组织架构、一个精简而高效的餐饮服务团队，对餐饮渠道发展至关重要。

在餐饮渠道开发初期，我们要明确界定开发区域，制定渐进式的拓展计划，精准布建服务模式。

一　区域策略

1. 行政区域划分

大部分的直辖市、省会城市、地级市的行政区划图如图 3－1 所示。

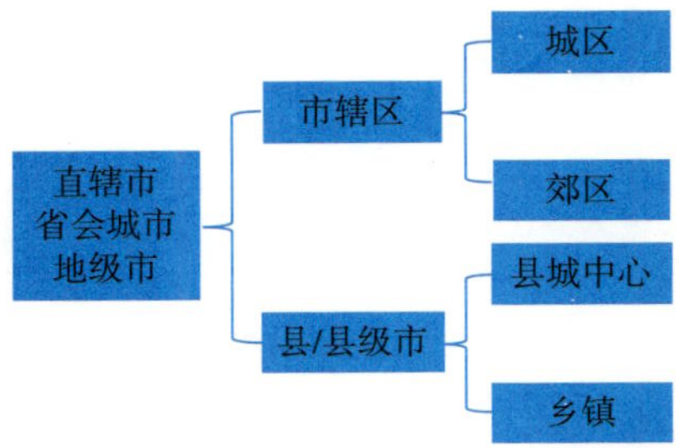

图 3－1　大部分的直辖市、省会城市、地级市的行政区划图

我们以西安市行政区划来看其餐厅数量分布情况，如图 3－2 所示。

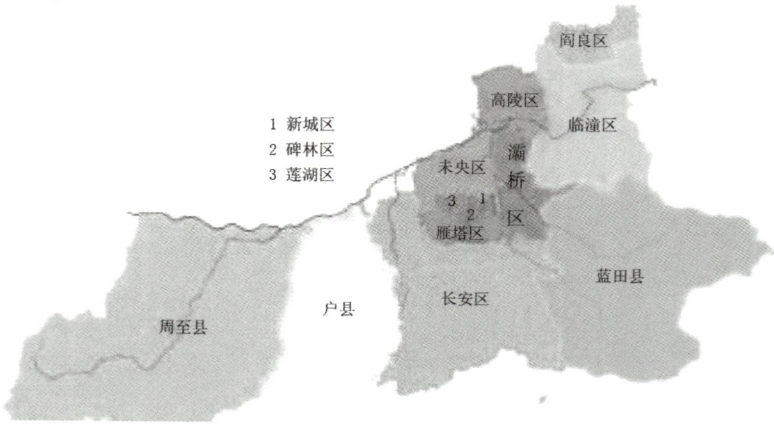

行政区	面积（平方公里）	餐厅数量
雁塔区	151.44	4108
未央区	264.41	3312
碑林区	23.37	3086
莲湖区	38.32	2285
长安区	1588.53	1940
新城区	30.13	1670
高陵区	285.03	1349
灞桥区	324.5	1100
临潼区	915.97	631
阎良区	244.55	暂无数据
鄠邑区	1279.42	382
周至县	2945.2	暂无数据
蓝田县	2005.95	暂无数据
西咸新区	882	暂无数据

数据来源：西安餐饮业态大数据分析报告。

图 3－2　西安市餐厅数量分布情况

从以上数据中我们可以看到：

（1）80%以上的餐饮门店集中在市辖区的城区。

（2）郊区、县及县级市区域广阔，餐饮门店较为分散、服务跨度大，其门店主要集中在县城中心。因此，我们需要精准的城市区域策略来确定餐饮渠道发展的区域，逐步推动餐饮渠道的发展。

2. 城市等级划分

根据行政区划和城市规模，将城市划分以下等级，来确定餐饮发展区域。如表3－1所示。

表3－1　确定餐饮发展区域

区域划分	城市	等级
M	北上广深	1
U1	省会城市	2
U2	地级市	3
C	县/县级市	4
T	乡镇	5
V	村	6

县/县级市因其餐饮数量规模有限，难以组建餐饮团队，不做精耕，借力餐饮批发商覆盖；乡镇、村不做经营，由传统批发渗透。

3. 餐饮门店数城市等级划分

我们从城市餐饮门店数的规模效应来看是否支持餐饮专职人员的业绩发展，如表3－2所示。

表 3－2　城市餐饮门店数

城市	客户数	等级
3	30000 以上	H
2	30000～10000	M
1	10000 以下	L

我们通过城市分级、城市餐饮门店数来确定餐饮渠道拓展的优先发展等级，如图 3－3 所示。

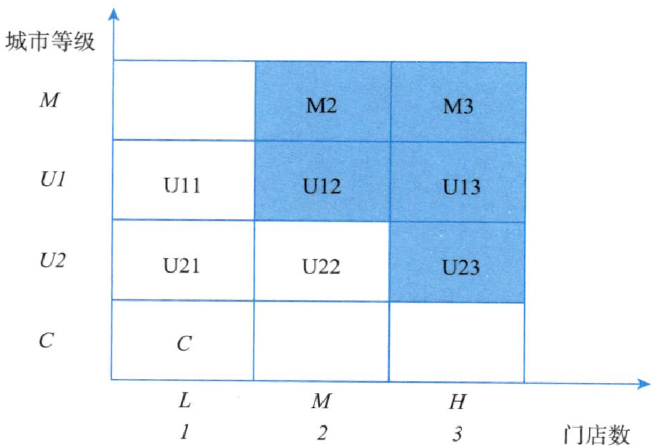

图 3－3　餐饮渠道拓展的优先发展等级

4. 区域发展策略

根据城市等级和餐饮门店规模数量，制定拓展餐饮渠道区域策略：

（1）M 级城市全精耕、全覆盖。

（2）U1 城市优先发展 U13、U12。

（3）仅在餐饮门店数规模较大的 U23 开展。

（4）U11、U21、U22、C 类城市餐饮发展，由餐饮批发商覆盖、培育市场。

随着 M、U1 和部分 U2 城市餐饮开发的逐步推进，餐饮经销商/批发商发展成熟，人员养成后，再逐步推动 U11/U21/U22 城市的发展，同时完善配套的餐饮组织架构作为组织保障。

二　通路构建

根据区域策略目标，我们有目的地开发服务餐饮渠道的经销商模式。这种模式主要优先在 M、U1、部分 U2 发展，目的是将目前我们 DSD 及其他类型经销商所不能服务的餐饮售点进行覆盖。通过寻找一个合适的受管控、共同开发的酒水经销商，利用他的网络优势、资金优势及产品品类优势，加上我们专人的客户服务及专业的渠道推动支持，以期共同开发餐饮客户，提高产品的铺货率，增加市场份额，达到全覆盖，突破内部传统按渠道划分的经营管理和业绩考核模式，实现专业渠道的专业经营，占据消费场景，提升销售转化率。餐饮经销售建立目标如图 3－4 所示。

1. 餐饮经销商（CP）的建立

1.1　建立目标

1.2　服务模式设计

（1）CP 的选择是专注于餐饮服务的受管理的经销商。

（2）CP 的选择是基于在餐饮渠道自有网络比较强大的经销商。

（3）CP 与我们专职业务队伍联合开发和维护终端客户是项目成功的关键。

（4）售点的活跃、SKU 铺货、售点开发、信息共享是绩效考核的重点。

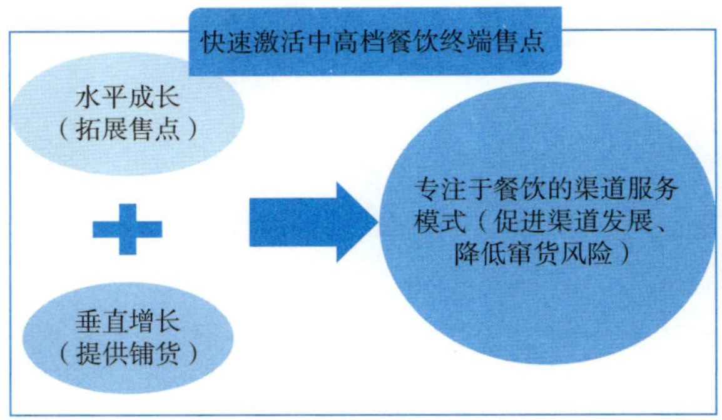

图 3－4　餐饮经销商建立目标

1.3　CP 的启动前提

（1）CP 优先设定在各区域的 M、U1、部分 U2 市场，有专职的餐饮队伍负责客户开发和管理。

（2）CP 的建立前提必须是在传统经销商不能覆盖、运营稳定的情况下开始操作。

（3）CP 服务的售点是除了传统经销商及 DSD 已经稳定服务的 DSS 售点。

（4）CP 服务的售点主要根据酒水供应商自有的渠道网络来划分，原则上以行政区来划分，涉及连锁餐饮，已服务总部的供应商，其旗下连锁餐饮客户则不受区域限制。

（5）每个 CP 服务的售点组成由其自有服务售点加依靠专职餐饮队伍去拓展的新客户组成，服务的售点数根据其客户的自售及拓展能力来决定。

1.4　CP 的选择

餐饮经销商是一个渠道非常强的专业性经销商，这是由餐饮客户的特点、进货方式、结账方式等决定的。同时，餐饮客户进货渠道复杂，需要厘清各种进货渠道，找寻其中规律，筛选品牌企业符合要求的餐饮经销商。

（1）餐饮经销商与传统经销商的区别如表 3－3 所示。

表 3－3　餐饮经销商与传统经销商的区别

项目	餐饮经销商	传统经销商
生意占比	品牌企业生意占比非常小，小于 1/20	品牌企业生意占比 80% 以上
服务客户类型	80% 以上为餐饮渠道	服务区域内所有渠道，餐饮客户服务非常少
服务客户数	200 家左右餐饮客户，已经是非常大的餐饮经销商	至少在 800 家以上，基本上以传统渠道为主，其他渠道为辅

续表

项目	餐饮经销商	传统经销商
结账形式	绝大部分客户需要信用额度支持，需要提供发票	货到付款
送货要求	送货时间、收货方式有严格要求，需要预约	直接送到门店即可完成销售
订单形式	电话订单、在线下单为主	预售为主，电话订单为辅
配送	酒水一起配送，平衡运力	单独配送品牌商产品，类似邮差将预售订单送货完成

- 传统经销商客户服务优势不在餐饮渠道，以“短、平、快”方式快速出货获得盈利，不愿意在拓展餐饮渠道方面花更多的时间、物资、投资等。
- 传统经销商服务因送货烦琐、账期、发票等原因，服务存在甩单现象，难以完成订单任务。

正是因为餐饮渠道服务的特殊性，需要架设餐饮经销商来拓展餐饮渠道。

（2）选择要求如表 3－4 所示。

表 3－4　选择要求

项目	最好拥有	不做备选
个人背景	• 至少有 3 年以上的直营酒水经营经验 • 熟悉餐饮行业的特点及经营模式	餐饮渠道没有足够的经验，刚刚涉足这一行业
经营的产品	• 主要以经营酒水为主，选择当地畅销啤酒、中档白酒、红酒品牌的代理商，有至少 3 个以上品牌的代理 • 饮料占总销售额比例低于 30%	当地市场主要饮料品牌的一级代理商、特大批发商

续表

项目	最好拥有	不做备选
能力和能量	• 有专职餐饮人员、司机负责开发客户，送货、收款 • 有强烈的客户开发意愿和能力 • 保证至少两部机动车和大于500平方米的仓库	完全是坐商，没有任何业务开发的意愿和能力
投资意愿	• 与客户结算方式80%以上以赊账和滚单为主 • 有强大的资金支持，能够支持150家以上售点的信用支持 • 愿意为维护客情进行适当投资	主要以现金结算为交易模式
服务网络	• 自有的网络80%以上为中高档餐饮/星级酒店和娱乐客户 • 自有网络200家以上 • 主要以电话订单为主	主要以传统渠道为主，或以二级批发商作为主要服务对象

（3）选择流程如图3－5所示。

（4）沟通话术（意向书）如图3－6所示。

通过筛选，寻找意向餐饮经销商，明确双方的责权利，有助于大家的了解和提高匹配程度，增强合作信心。

（5）开户流程如图3－7所示。

（6）开户相关表单。

《新增CP提报表》如表3－5所示。

步骤一

- 信息收集
- 透过售点调查信息，搜寻服务餐饮门店的酒水供应商信息
- 了解酒水行业大型酒水批发商

步骤二

- 评估调查
- 拜访经销商，了解办公室、仓库、车辆、人员等相关信息
- 要求意向经销商提供下线客户清单，以及服务客户类型、信用合作情况
- 突出合作利益点：拓展门店、丰富产品结构，强化对餐饮客户的掌控
- 填写调查评估表

步骤三

- 确定CP
- SOM、SS共同拜访，确认合作意向
- 搜集CP相关资料（身份证复印件、营业执照3合1、食品流通许可证等）
- 选定CP

步骤四

- 签订合同
- 明确权责利
- 签订合同

图 3－5　选择流程

	利益	投入
渠道策略和投资方向	1.强度的品牌支撑，成为专业渠道的合作伙伴关系 2.分享渠道发展方向，共谋渠道发展	下线客户信息共享、共同开发是关键
丰富CP产品结构	1.多品类、多包装的组合，增加CP对餐饮渠道的掌控力 2.更多利润点，减少运营成本	1.快速拓展门店、售卖更多包装产品 2.针对不同类别门店，售卖不同包装的产品，满足场景需求
专职餐饮团队服务CP	1.专业指导 2.拓展更多门店 3.服务好终端门店	1.良好的订单满足率 2.提供一定的客户信用支持
多种方式的投资计划	1.门店投资计划 2.生动化物资投放 3.不定期的促销	1.维护良好的客情关系 2.强化门店的掌控力
增加CP利润空间	1.稳定的、不断提升的销量 2.销量达标计划等	客户开发是关键

图 3－6　沟通话术（意向书）

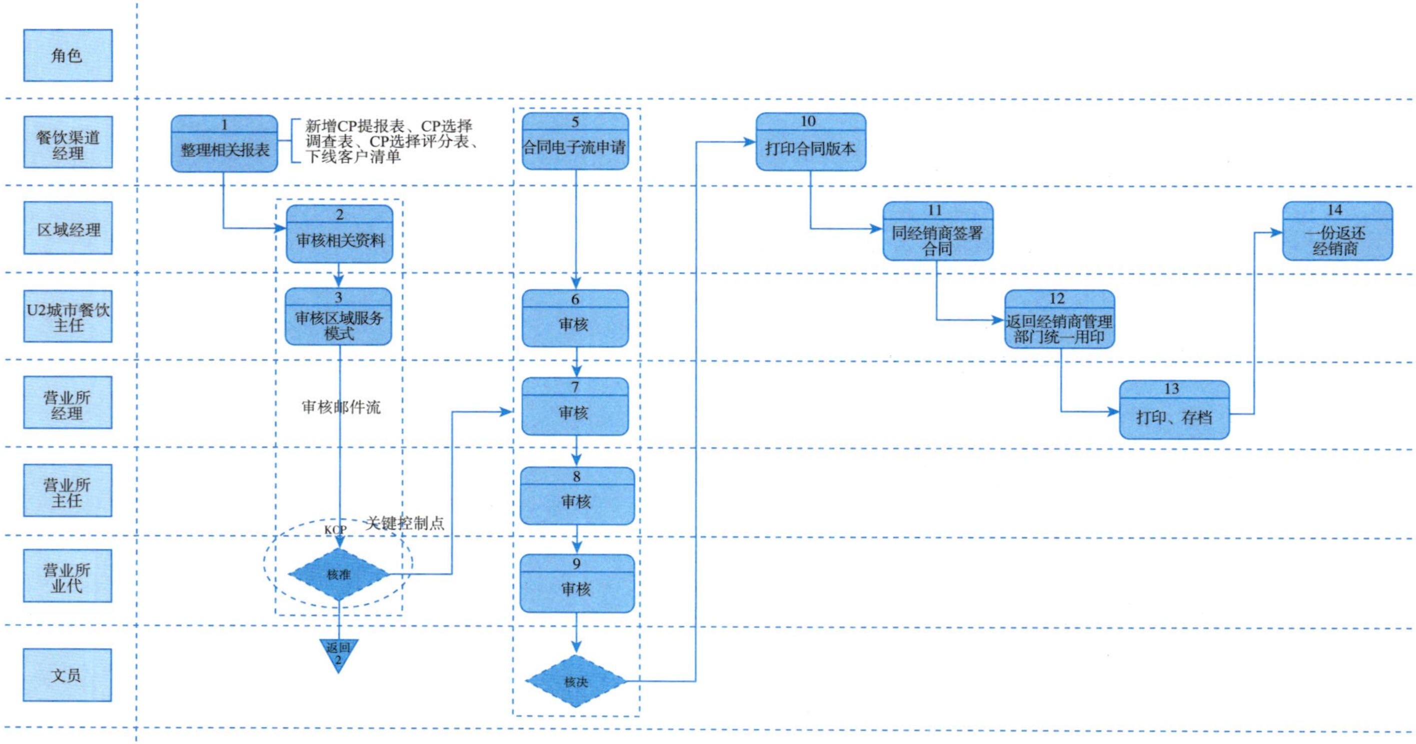

图 3－7　餐饮经销商开户流程

表 3－5　《新增 CP 提报表》

基本信息															经销商营业执照信息								食品流通许可证信息				客户资质					财务信息					仓库地址			
大区	营业所	省	市	客户名称	客户编号	身份证号	客户性质描述	具体服务的区域	下线客户数	普通餐饮客户数	中档餐饮客户数	夜店客户数	主任	主任电话	注册号	类型	住所	法定代表人	注册资本(万元)	成立日期格式范例:2017(0927)	营业期限格式范例:2017(0927)	经营范围	食品流通许可证编号	名称	有效期限格式范例:2017(0927)	许可范围	代理品牌1	代理品牌2	代理品牌3	车辆总数(辆)	自有业务人员总数(人)	打款备案人	法定代表人	是否是一般纳税人(是否)	负责人姓名	负责人联系方式	到达乙方仓库前面的道路可允许最大车辆吨位	仓库地址(具体到门牌号)	收货联系人	联系电话

《CP 选择调查表》如表 3－6 所示。

表 3－6　《CP 选择调查表》

背景调查		名称	地址	联系人	年龄	教育程度	是否有合伙人
							□是　□否
		从业背景		酒水生意经营年限		合作情况	
基础配置		仓库面积总面积	我司产品占比（%）	办公室	叉车		其他
					□是　□否	□是　□否	□是　□否
		车辆类性					
		□三轮车	□面包车	□0.6 吨卡车	□1 吨卡车	□其他	
		人员情况					
		业务员	送货工	仓管	财务	其他	
经营产品结构	主要经营产品	白酒/黄酒	红酒	啤酒	洋酒	饮品	
	主要经营产品品牌					可口可乐	百事可乐
	档次	□中高档 □低档	□中高档 □低档	□中高档 □低档	□中高档 □低档	□中高档 □低档	□中高档 □低档
	生意占比						
	主要经营饮料产品	其他 1：可口可乐	其他 2：百事可乐	其他 3：康师傅	其他 4：王老吉	其他 5：	其他 6：

续表

<table>
<tr><td>经营产品结构</td><td>与厂家合作形式</td><td></td><td></td><td></td><td></td><td colspan="2"></td></tr>
<tr><td colspan="2" rowspan="2">主要服务客户模式</td><td>车销</td><td>电话订单</td><td>预售</td><td>客户自提</td><td colspan="2">其他</td></tr>
<tr><td></td><td></td><td></td><td></td><td colspan="2"></td></tr>
<tr><td colspan="2" rowspan="2">主要服务渠道的售点数</td><td>中高档餐饮</td><td>娱乐</td><td>GT 小店</td><td>酒店/宾馆</td><td colspan="2">其他</td></tr>
<tr><td colspan="6"></td></tr>
<tr><td colspan="2" rowspan="2">资金及自有客户情况</td><td>买断客户数</td><td>月赊账</td><td>季度赊账</td><td>月对外赊账总费用</td><td>平均进场费</td><td></td></tr>
<tr><td colspan="6"></td></tr>
<tr><td colspan="2" rowspan="2">库存产品情况</td><td colspan="3">库存盘点频率</td><td colspan="3">公司业代盘点库存的频率</td></tr>
<tr><td>□ 不盘点</td><td>□ 每周</td><td>□ 每天</td><td>□ 不盘点</td><td>□ 每周</td><td>□ 每月</td></tr>
<tr><td colspan="2" rowspan="6">利润需求</td><td colspan="3">目前合作月销量占比</td><td colspan="3">利润占比</td></tr>
<tr><td colspan="3">□ 小于 10%　□ 10% ～35%　□ 35% 以上</td><td colspan="3">□小于 30%　□30% ～45%　□45% ～65%
□65% ～80%　□80% 以上</td></tr>
<tr><td colspan="3">目前资金投入</td><td colspan="3">如何确定产品售卖价格</td></tr>
<tr><td colspan="3">□ 小于 30 万元 □ 30～50 万元 □ 50～80 万元 □ 80 万元以上</td><td colspan="3">□ 公司指导价（业代）　□ 自己定价　□ 市场定价</td></tr>
<tr><td colspan="6">啤酒利润</td></tr>
<tr><td colspan="2">雪花（单箱）</td><td colspan="2">青岛（单箱）</td><td colspan="2">百威（单箱）</td></tr>
</table>

续表

利润需求	品名	利润	品名	利润	品名	利润
	白酒/红酒利润					
	白酒（单箱）		红酒（单箱）		其他酒类（单箱）	
	品牌	利润	品牌	利润	品牌	利润
	竞争产品的利润构成、获得方式					
	PEPSI		康师傅		统一	
	□返利 □搭赠 □加价 □礼品		□返利 □搭赠 □加价 □礼品□专卖费		□返利 □搭赠 □加价 □礼品 □专卖费	
	酒水 1——雪花		酒水 2——青岛		酒水 3——百威	
	□返利 □搭赠 □加价 □礼品 □专卖费		□返利 □搭赠 □加价 □礼品 □专卖费		□返利 □搭赠 □加价 □礼品 □专卖费	
合作意愿及投入	1. 是否愿意按照我们的要求进行必备 SKU 备货 □ 是 □ 否					
	2. 是否愿意有业务人员与我司的业代共同开发开户 □ 是 □ 否					
	3. 是否愿意提供目前服务的客户清单给我们 □ 是 □ 否					

续表

合作意愿及投入	4. 是否愿意将订单与我们共享 □ 是 □ 否
	5. 能够接受的最大的服务客户数 □ 赊账客户数 □ 月赊账资金
	6. 如果愿意与我们合作，主要看重的是 □ 销量高 □ 服务 □ 品牌 □ 单箱利润高 □ 提供业务人员

《CP 评分表》如表 3－7 所示。

表 3－7 《CP 评分表》

餐饮经销商评分表								
基础信息		大区：		营业所：			城市：	
		经销商名称：		负责人及电话：				
		经销区域：		创建日期：			SAP 代码：	
项目		**合作信息**			**得分项**		**比重**	**实际得分**
合作深度	服务客户数（15 分）	中高档餐饮：	普通餐饮：	其他客户：	总客户数	200 家以上	15	
					0	100～200 家	10	
						100 家以下	0	
	专业度（15 分）				餐饮售点占比	80% 以上	15	
						60%～80%	10	
						60% 以下	0	

续表

<table>
<tr><td rowspan="6">产品结构（30 分）</td><td>主要经营产品</td><td>主要经营产品品牌</td><td>与厂家合作形式</td><td rowspan="3">直营酒水品牌</td><td>3 个以上</td><td>15</td><td rowspan="3"></td></tr>
<tr><td>白酒/黄酒</td><td></td><td></td><td>2 个</td><td>5</td></tr>
<tr><td>红酒</td><td></td><td></td><td>2 个以下</td><td>0</td></tr>
<tr><td>啤酒</td><td></td><td></td><td rowspan="3">是否专卖</td><td>专卖</td><td>15</td><td rowspan="3"></td></tr>
<tr><td>饮品 1</td><td></td><td></td><td>分销其他品牌</td><td>5</td></tr>
<tr><td>饮品 2</td><td></td><td></td><td>直营其他品牌</td><td>0</td></tr>
<tr><td rowspan="7">客户运作（30 分）</td><td>从业年限</td><td></td><td></td><td colspan="2">3 年以上</td><td>5</td><td></td></tr>
<tr><td>业务人员</td><td></td><td></td><td colspan="2">3 人以上</td><td>5</td><td></td></tr>
<tr><td colspan="3">有明确分工、管理制度、薪资考评、激励制度</td><td colspan="2">资料齐全</td><td>4</td><td></td></tr>
<tr><td rowspan="4">硬件设施</td><td colspan="2" rowspan="3">仓储条件</td><td colspan="2">仓库干净整洁无异味</td><td>4</td><td></td></tr>
<tr><td colspan="2">产品放置地面有隔垫物</td><td>4</td><td></td></tr>
<tr><td colspan="2">产品堆放整齐，无倒塌、无露天存放</td><td>4</td><td></td></tr>
<tr><td colspan="2">运输车辆</td><td colspan="2">3 台以上箱式货车</td><td>4</td><td></td></tr>
<tr><td rowspan="2">合作意愿（10 分）</td><td colspan="3">是否有业务人员与业代共同开发客户</td><td>是（5 分）</td><td>否（0 分）</td><td>5</td><td></td></tr>
<tr><td colspan="3">是否有意愿在餐饮渠道持续投资</td><td>是（5 分）</td><td>否（0 分）</td><td>5</td><td></td></tr>
</table>

2. 餐饮批发商（CW）的建立

为了更好地服务餐饮售点，利用餐饮批发商在这个渠道服务的网络优势，借力使力，这就需要建立密集的餐饮批发商网络。品牌企业根据产品的特性及渠道发展策略，制定与之适配的餐饮服务模式，从而提高这个渠道的可控性和分销性。

2.1 建立目标

如图 3－8 所示，通过对服务普通餐饮、中高档餐饮的批发商进行分类掌控，密集布建，品牌企业投入人员对这些批发商进行有效管控，共同开发餐饮渠道，最终全面覆盖餐饮渠道。

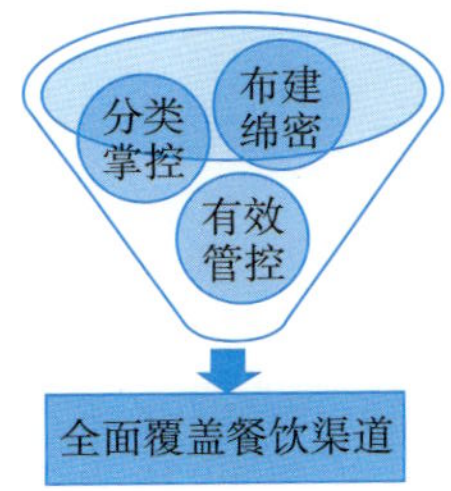

图 3－8 餐饮批发商建立目标

2.2 餐饮批发商的选择要求

根据渠道定义，我们将餐饮售点服务分为普通餐饮和中高档餐饮两种类型。根据这两种售点类型的不同需求和特点，我们所提供的服务和执行的重点也是不同的。基于此，餐饮批发商分为普通餐饮批发商和中高档餐饮批发商。

餐饮批发商选择要求如下：

（1）普通餐饮批发商选择要求：

- 以普通餐饮为主，也服务少量的中档餐饮。
- 主要生意在餐饮渠道，80% 的客户为餐饮客户。
- 客户主要集中在餐饮一条街、学校周边一条街、商圈。
- 经营产品为塑料箱啤酒、玻璃瓶饮料、豆浆、白酒等。
- 以车销为主，满足餐饮客户高频次订货需求。

（2）中高档餐饮批发商选择要求：

- 服务客户以中高档餐饮为主，70% 以上为中高档餐饮客户。
- 主要生意在餐饮渠道，80% 的客户为餐饮客户。
- 有专职的餐饮团队拓展餐饮渠道。
- 经营产品为纸箱啤酒、高档白酒、红酒为主。
- 大部分客户需要提供赊账及发票服务，一站式酒水服务。

2.3 餐饮批发商需要具备的条件

（1）普通餐饮批发商。

售点服务：

- 必须满足当天送货。
- 根据售点合理要求满足有竞争力的送货服务。
- 必须车销（提升主动销售意识）：除了订单外，每天根据售点的预测销量进行主动补货（电话订单包括售点打来的电话订单及 SR 拜访售点获得的订单）。
- 及时补货的能力，保证售点所卖 SKU 不断货。
- 为售点提供拆箱陈列服务。

信息共享：

- 车销订单、电话订单需每天提供送货明细记录表，公司安排将记录录入系统。
- 提供每周库存报表。

- 客户发展和维护能力。
- 主动开发区域内新客户的能力。
- 维护已活跃客户的能力。

（2）中高档餐饮批发商。

售点服务：

- 24 小时内的送货服务。
- 根据售点要求提供机动送货服务。
- 提供一定额度的售点信用支持。

信息共享：

- 电话订单、在线订单需每天提供送货明细记录表，公司安排人员将送货记录录入系统。
- 意向客户关键信息。
- 提供每周库存报表。

客户发展与维护能力：

- 主动开发区域内新客户的能力。
- 维护已活跃客户的能力。
- 主动提供必要的客情服务。

（3）建立餐饮批发商服务模式流程，如图 3－9、图 3－10 所示。

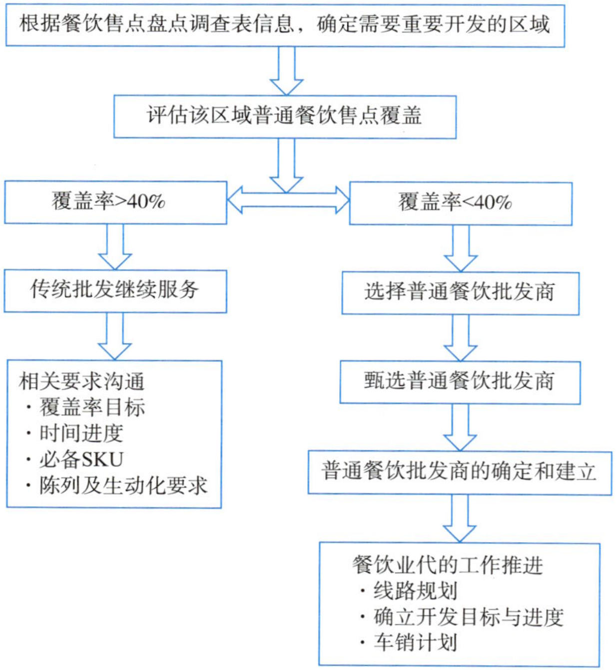

图 3－9　普通餐饮批发商服务模式流程

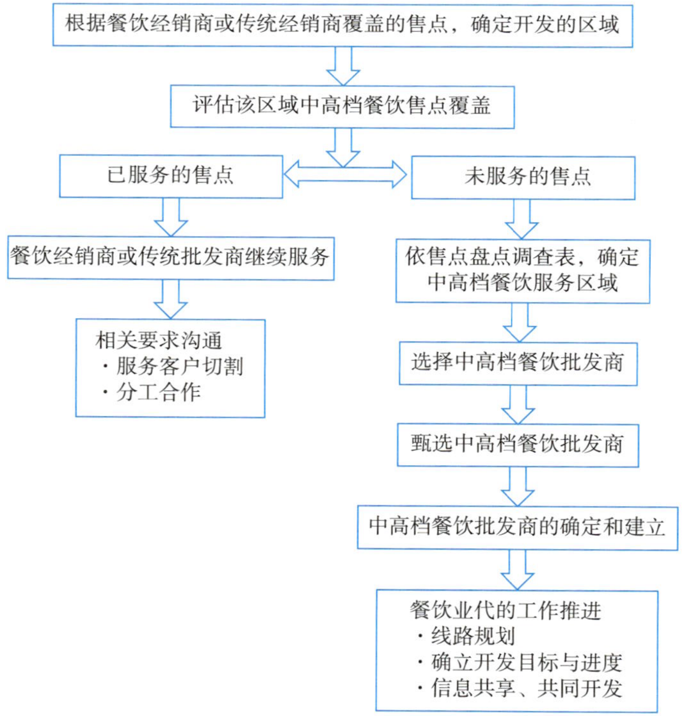

图 3－10　中高档餐饮批发商服务模式流程

（4）餐饮批发商选择。

SR（餐饮业代）在售点拜访时搜索到的餐饮批发商信息，现场或电话沟通合作意向，了解批发商服务区域、代理酒水品牌、服务下线客户数、服务客户形式、合作意向等，符合选择要求，则择日实地拜访，了解仓库、车辆、人员、库存、办公环境等。将看到的、听到的信息及时反馈给 SS（餐饮主任），与批发商确定拜访时间，实地沟通合作意向。确定合作后，签订合同（挂靠经销商下的餐饮批发商签订三方协议，公司直营的餐饮批发商与公司签订合作协议），正式启动。

- 普通餐饮批发商

对普通餐饮批发商的选择主要看其经营品项、服务客户数状况、车销线路数和车销频次等，如表 3－8 所示。

表 3－8　普通餐饮批发商评分表

<table>
<tr><th colspan="9">普通餐饮批发商评分表</th></tr>
<tr><td colspan="2" rowspan="3">基础信息</td><td>区域：</td><td></td><td>营业所：</td><td></td><td>城市：</td><td colspan="2">区/县/县级市：</td></tr>
<tr><td colspan="2">批发商名称：</td><td colspan="5">负责人及电话：</td></tr>
<tr><td colspan="2">服务区域：</td><td colspan="3">创建日期：</td><td>SAP 代码：</td><td></td></tr>
<tr><th colspan="2">项目</th><th colspan="3">合作信息</th><th colspan="2">得分项</th><th>比重</th><th>实际得分</th></tr>
<tr><td rowspan="3">合作深度</td><td rowspan="3">服务客户数（15 分）</td><td>中高档餐饮</td><td>普通餐饮</td><td>其他客户</td><td>总客户数</td><td>50 家以上</td><td>15</td><td rowspan="3"></td></tr>
<tr><td rowspan="2"></td><td rowspan="2"></td><td rowspan="2"></td><td rowspan="2">0</td><td>30～50 家</td><td>10</td></tr>
<tr><td>30 家以下</td><td>0</td></tr>
</table>

续表

合作深度	专业度（15 分）	餐饮客户占比			餐饮售点占比	80% 以上	15	
						60% ~80%	10	
						60% 以下	0	
产品结构（30 分）		主要经营产品	主要经营产品品牌	与厂家合作形式（直营/分销）	直营/分销酒水品牌	3 个以上	15	
		啤酒				2 个	5	
		白酒				2 个以下	0	
		玻璃瓶饮品			是否专卖	专卖	15	
		饮品 1				分销其他品牌	5	
		饮品 2				直营其他品牌	0	
客户运作（30 分）		服务客户模式（占比）	车销		每周车销次数	4 次以上	15	
			电话订单			2 ~3 次	10	
			预售			2 次以下	0	
		运输车辆	1 吨卡车		餐饮一条街	3 条以上	15	
			面包车			2 条	10	
			三轮车			0 条	0	
合作意愿（10 分）		是否有业务人员与业代共同开发客户			是（5 分）	否（0 分）	5	
		是否有意愿在餐饮渠道持续投资			是（5 分）	否（0 分）	5	

● 中高档餐饮批发商

对中高档餐饮批发商的选择主要看其代理酒水品牌数量、中高档餐饮客户数量和占比、提供信用额度支持等，如表3－9所示。

表3－9　中高档餐饮批发商评分表

<table>
<tr><th colspan="9">中高档餐饮批发商评分表</th></tr>
<tr><td colspan="2" rowspan="3">基础信息</td><td>区域：</td><td></td><td>营业所：</td><td></td><td>城市：</td><td colspan="2">区/县/县级市：</td></tr>
<tr><td colspan="2">批发商名称：</td><td colspan="5">负责人及电话：</td></tr>
<tr><td colspan="2">服务区域：</td><td colspan="3">创建日期：</td><td>SAP代码：</td><td></td></tr>
<tr><th colspan="2">项目</th><th colspan="3">合作信息</th><th colspan="2">得分项</th><th>比重</th><th>实际得分</th></tr>
<tr><td rowspan="9">合作深度</td><td rowspan="3">服务客户数（15分）</td><td>中高档餐饮</td><td>普通餐饮</td><td>其他客户</td><td>总客户数</td><td>50家以上</td><td>15</td><td rowspan="3"></td></tr>
<tr><td rowspan="2"></td><td rowspan="2"></td><td rowspan="2"></td><td rowspan="2">0</td><td>30～50家</td><td>10</td></tr>
<tr><td>30家以下</td><td>0</td></tr>
<tr><td rowspan="6">专业度（25分）</td><td rowspan="6">餐饮客户占比</td><td colspan="2" rowspan="6"></td><td rowspan="3">餐饮售点占比</td><td>80%以上</td><td>10</td><td rowspan="3"></td></tr>
<tr><td>60%～80%</td><td>5</td></tr>
<tr><td>60%以下</td><td>0</td></tr>
<tr><td rowspan="3">中高档餐饮占比</td><td>80%以上</td><td>15</td><td rowspan="3"></td></tr>
<tr><td>60%～80%</td><td>10</td></tr>
<tr><td>60%以下</td><td>0</td></tr>
</table>

续表

产品结构（30 分）	主要经营产品	主要经营产品品牌	与厂家合作形式（直营/分销）	直营/分销酒水品牌	3 个以上	15	
	白酒/黄酒				2 个	5	
	红酒				2 个以下	0	
	啤酒			是否专卖	专卖	15	
	饮品 1				分销其他品牌	5	
	饮品 2				直营其他品牌	0	
客户运作（20 分）	从业年限			3 年以上		5	
	业务人员			3 人以上		5	
	有明确分工、管理制度、薪资考评、激励制度			资料齐全		5	
	仓储条件	仓库干净整洁无异味		信用支持	信用客户 20 家	5	
		产品放置地面有隔垫物			20 家以下	0	
		产品堆放整齐，无倒塌					
	运输车辆	车辆台数					
合作意愿（10 分）	是否有业务人员与业代共同开发客户			是（5 分）	否（0 分）	5	
	是否有意愿在餐饮渠道持续投资			是（5 分）	否（0 分）	5	

第四部分

餐饮经销商与批发商的管理

一　CP（餐饮经销商）管理

1. 合作后的管理推动

合作前是基于对双方利益和优势的互补，CP 有网络优势、资金优势及产品品类优势，我们有品牌优势，加上专人的客户服务及专业的渠道推动支持，才有了共同利益结合。这种利益结合在开户合作的蜜月期过后，若是渠道推动进展不顺，品牌企业要求过多，继而转为销售压力和库存压力，合作不到半年大家就有可能分手。因此，CP 启动后，需要将这种合作热情延续下去，要从以下方面着手管理：

1.1　客户分类管理

客户分类，对 CP 下线餐饮客户进行全面拜访后进行分类。

优质：已售卖但 SKU 不全。

机会：现在未售卖但计划售卖。

待发掘：未计划售卖。

1.2　客户激活

- 对已合作的优质门店加紧打造，铺齐 SKU。
- 对机会客户，充分与 CP 进行客户信息共享，通过资源投入，快速打开。
- 待发掘客户，SR 和 CP 共同拜访，通过产品支持、客情关系维护、促销开展，渐次打开。

1.3　人员技能提升与管理

- 组织餐饮业代，及时总结与回顾餐饮开发成果，与经销商共同分享。

- 由餐饮经理、餐饮主任主导，召集餐饮经销商及其业务人员，宣导餐饮开拓策略和指引，客户开发及销售达成回顾，增强经销商开发客户信心。

1.4 信息共享

- 经销商下线客户信息充分共享。
- 非餐饮业代手机订单系统的录入，自售订单、电话订单、线上订单，在完成配送后订单信息交由餐饮业代录入系统，至少一周两次交给餐饮业代。

1.5 下线客户新建与线路规划

- 无论是餐饮业代新开的售点，还是 CP 通过自身客情关系已活跃的售点，都应建系统。
- 根据客户信息，设计 SR 线路拜访计划和拜访区域，随着客户的新增适时调整。

2. CP 的日常管理

2.1 CP 的具体角色

日常工作：

- 与 SR 共同激活不活跃售点。
- 通过及时的服务（订单、送货）以维持售点持续活跃。
- 确保提供给售点的必备 SKU 有足够的库存。
- 提供给客户相应的服务（信用、产品品类）。
- 帮助品牌企业维护生动化水平。

- 帮助确定新售点。
- 将送货及客户开发信息及时交给 SR。

2.2 运营能力及健康度分析

每个月 SOM 要与 CP 做一次生意回顾，评估其运营能力、健康度、客户开发能力，始终让 CP 与品牌企业在同一个主航道上。如表 4－1 所示。

预警函如图 4－1 所示。

2.3 对账管理

每月 10 日前，SS 同 CP 对上个月的账，包括与公司发生交易往来的《账款明细对账单》、因发生餐饮售点投资核销的《产品折让对账单》、从公司进货奖励或返利达成的《金额对账单》等。每月 15 日前将签字（盖章）后的对账单返还给 SS 转回财务。让每个 CP 明明白白消费，清清楚楚赚钱。

《账款明细对账单》如图 4－2 所示。

《产品折让对账单》如图 4－3 所示。

《金额对账单》如图 4－4 所示。

2.4 办公室布置要求

强化与 CP 共同开发和维护市场，强化以 CP 为主体的经营模式，将 CP 的经营纳进品牌企业的经营中，将餐饮销售团队的工作内容融入 CP 日常管理中，打造 CP 与品牌企业的命运共同体，营造良好工作氛围。

经销商办公室是品牌企业行销策略执行落地的最小执行单元，也是指导经销商推动业务向前的最小核算单位。同时，也是提升经销商整体作战能力，让听得见炮火的人来分享经验、复制经验、信息共享，最终获得成长，让每个经销商人员

表4-1 运营能力及健康度分析

______CP 2017 年____月生意回顾

一、运营能力

评估要求：

达成结果	值	评估等级	交通灯
当月发货	<80%	改善预告	
	0	预警	
年累发货达成	<80%	预警	
	<50%	关户	
当月发货、年累发货	≧100%	优秀	

签约目标		年累发货		年度达成	
当月目标		当月发货		当月达成	

考量到新开CP客户有一个过程，新开CP前三个月不给予考核

二、健康度

客户数要求	值
客户数	≧200
餐饮渠道占比	≧80%
传统渠道占比	<10%
餐饮活跃率	≧60%

渠道群	生动化渠道	子渠道	客户数	活跃客户数	活跃率	餐饮渠道占比	传统渠道占比
餐饮	普通中餐	普通中餐					
	中/高档中餐	中/高档中餐					
传统	传统食杂	传统食杂店					
		独立便利店					
		小型超市					
批发	批发商	批发					
景区/休闲/娱乐	夜店	KTV/酒吧/夜店					
	景区/休闲/娱乐	茶楼					
		电影院					
		公众体育场馆					
		景区/游乐园/公园/旅游点					
		其他休闲娱乐					
合计							

三、客户开发

餐饮类型	目标	实际	差异
普通餐饮			
中高档餐饮			
餐饮批发商			
餐饮一条街打造			
重要客户开发			

预警函

尊敬的经销商______：

根据《××公司____年度餐饮经销商合同》(以下简称“合同”）第××条约定：乙方超过一个月不进货，或乙方年度销售目标达成<80%，甲方有权提出预警并责令乙方立即改善。

截至20　年　月，贵司____超过一个月不进货，____年度销售目标达成<80%，请在一个月内整改完成。如仍未改善，公司有权终止合同。

特此通知！

×××××××公司____区域

201_年_月_日

回执

××××××公司：

贵司下发的《预警函》已收悉，愿意积极配合并按贵司要求执行。

此致！

经销商（签字、盖章）：

年　月　日

图4-1 预警函

××××有限公司一账款明细对账单

2017年9月（9月1日—9月30日）

尊敬的客户：请在收到对账单后，核对您当月的销售及折让数据。如对以下数据有疑问，请致电：××××××××，或与我司业务人员联系。请在每月15日前将签字（盖章）后的对账单返还给我司业务人员转回财务，如逾期未返回，则视同认可此对账数据。

谢谢您的支持与合作！

另：1. 截至对账签字之日起　，除对账单上余额费用及正在计算的活动费用外，无其他费用存在。

2.“上月已执行完的部分活动和本月执行完的活动”在下月对账单上体现，敬请关注。

客户编号：

客户名称：

上期余额	本期发生				本期余额
	客户销售进货	已付款	产品及容器返还	本期合计	
-23,189.00	391,800.00	-400,000.00	0.00	-8,200.00	-31,389.00

备注:本期余额为负数时,表示客户有预收,正数表示客户有欠款。

客户编号：

客户名称：	凭证日期	交易类型	送货单号	汇总
	2017/9/4	付款	20170904	-200000
	2017/9/5	客户销售	300835764	102800
	2017/9/12	付款	20170904	-200000
	2017/9/12	客户销售	300835993	103500
	2017/9/20	客户销售	300836224	112837
	2017/9/27	客户销售	300837923	72663
本期发生合计				-8200

图4-2 《账款明细对账单》

××××有限公司—（产品）折让明细对账单 —已发放

2017年9月（9月1日—9月30日）

尊敬的客户：请在收到对账单后，核对您当月的销售及折让数据。如对以下数据有疑问，请致电：×××××××，×或与我司业务人员联系。请在每月15日前将签字（盖章）后的对账单返还给我司业务人员转回财务，如逾期未返回，则视同认可此对账数据。
谢谢您的支持与合作！
另：1. 截至对账签字之日起，除对账单上余额费用及正在计算的活动费用外，无其他任何费用存在。
2. "上月已执行完的部分活动和本月执行完的活动"在下月对账单上体现，敬请关注。

客户编号: 客户名称:

客户名称	发放日期	订单编号	送货单号	折让单号	折让项目	产品编号	产品名称	折让数量	汇总
	2017/9/12		300835993		M ER38062931411餐饮渠道标准合同支持M CR361822120170729P			11	440
					M ER38059251411餐饮shopping m al支持M CT371085220170729P			2	52
					M ER38059251411餐饮shopping m al支持M CT371085220170729P			1	40
					M ER38059251411餐饮shopping m al支持M CT371085220170729P			4	160
总计									692

图4-3 《产品折让对账单》

××××有限公司—（金额）折让对账单—发放结余汇总

2017年9月（9月1日—9月30日）

尊敬的客户：请在收到对账单后，核对您当月的销售及折让数据。如对以下数据有疑问，请致电：××××××××，或与我司业务人员联系。
请在每月15日前将签字（盖章）后的对账单返还给我司业务人员转回财务，如逾期未返回，则视同认可此对账数据。
谢谢您的支持与合作！

客户编号:
客户名称:

客户名称:	折让项目	金额	本月发放	本月结余
	进货金额折让20170711	2004	2044	0

图4-4 《金额对账单》

融入品牌企业的活动中。

因此，经销商办公室打造的内容体现在核心价值观、执行要素、经验分享、员工成长等方面，办公室要符合 6S 要求。

对经销商办公室做如图 4－5 的布置。

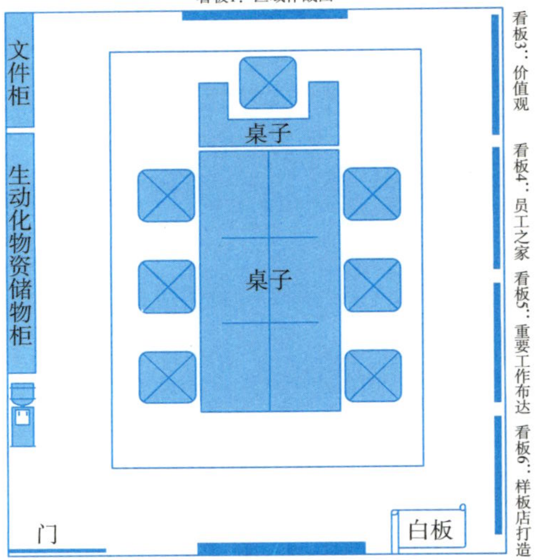

图 4－5　经销商办公室布置

办公室看板：

看板一：区域作战图如图 4－6 所示。

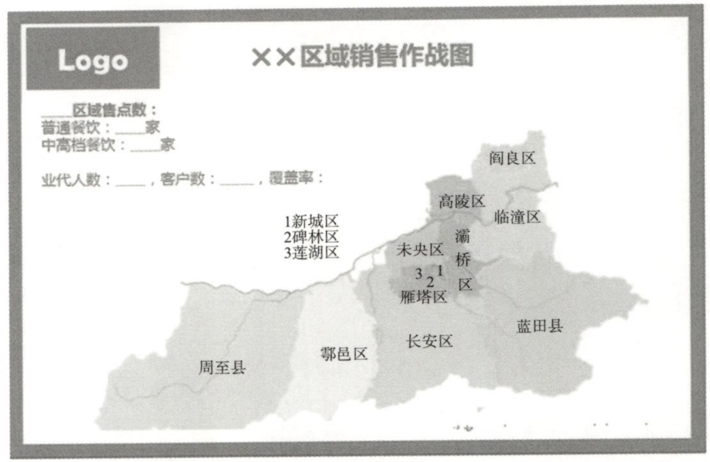

图 4－6　区域作战图

看板二：客户开发及业绩达成如图 4－7 所示。

看板三：价值观如图 4－8 所示。

图 4－7　客户开发及业绩达成

图 4－8　价值观

看板四：员工之家如图 4－9 所示。

看板五：重要工作布达如图 4－10 所示。

看板六：成功图像及门店打造如图 4－11 所示。

百威餐饮经销商办公室布置如图 4－12 所示。

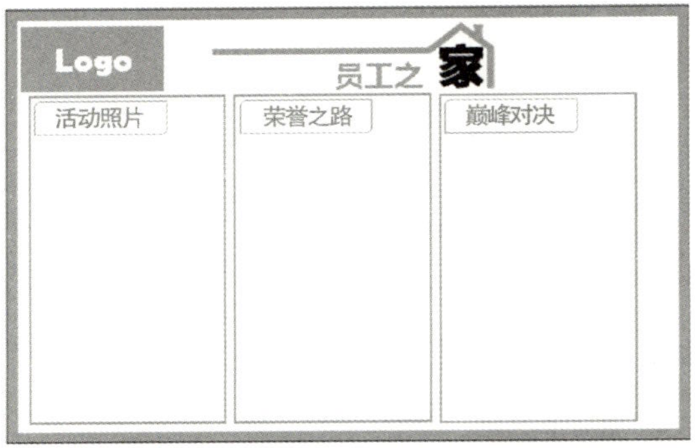

图 4－9　员工之家

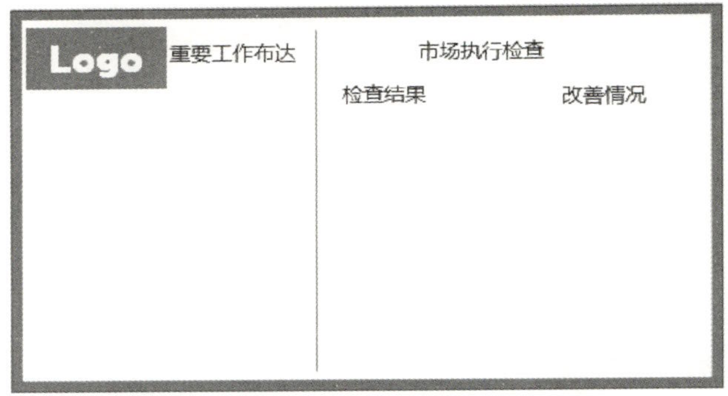

图 4－10　重要工作布达

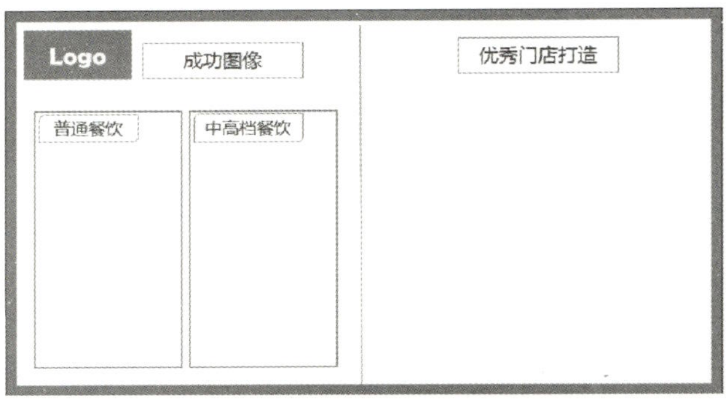

图 4－11　成功图像及门店打造

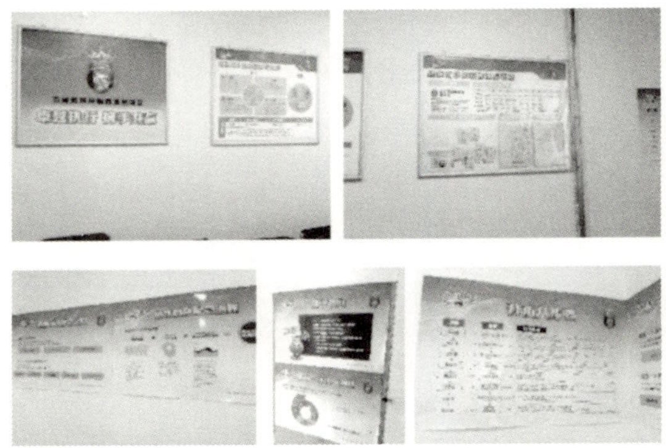

图 4－12　百威餐饮经销商办公室布置

2.5 协同管理

品牌企业人员参与 CP 会议频次如表 4－2 所示。

表 4－2 品牌企业人员参与 CP 会议频次

人员	会议内容	参与人员	频次
SOM	1. 餐饮渠道开发策略指导 2. 工作布达 3. 各项跟进	SOM、SS、SR、CP 负责人及其业务团队	2 周 1 次
SS	1. 市场执行结果检查及改善状况 2. 客户开发经验分享 3. 成功图像及门店打造分享	SS、CP 负责人及其业务团队	1 周 1 次
SR	1. 重要客户开发进度及开发信息 2. 商圈开发达成情况通报及下一步工作计划 3. 餐饮一条街开发跟进与实施	SR、CP 业务团队	1 周 2 次

二 CW（餐饮批发商）管理

1. CW 启动后的合作步骤

- 核实 CW 下线餐饮客户服务状况，了解餐饮客户分布。
- 依据 CW 辖区餐饮售点盘点调查表及其服务客户数，制定客户发展计划，售点发展目标：计划拜访客户数、活跃客户数。

- 分月追踪售点发展目标数，定期回顾达成，同 CW 一起制定售点转化、抢夺计划。

2. CW 的绩效管理

2.1　普通餐饮批发商绩效管理

普通餐饮批发商绩效管理如表 4－3 所示。

2.2　中高档餐饮批发商管理

由餐饮主任每月 5 日前，对餐饮批发商上月生意发展进行评估，与餐饮批发商达成一致，提出要求和改善计划，并且确定下月餐饮活动、客户开发、销售目标等，如表 4－4 所示。

3. 客户服务管理

关于客户服务管理，我们以饮品为例：

假设餐饮专职业代月均最低绩效为 5000PC；

普通餐饮月均 VPO：300～400 元，10PC 左右；

中高档餐饮月均 VPO：600～800 元，20PC 左右；

服务客户数中：普通餐饮占比 80%，中高档餐饮占比 20%；

月度活跃率：70% 左右；

我们设某餐饮专职业代服务客户数为 X，

$$X \times 80\% \times 70\% \times 10 + X \times 20\% \times 70\% \times 20 = 5000$$

则 X＝595。

表4-3 普通餐饮批发商绩效管理

2017年 ____月____普通餐饮批发商生意回顾

一、评估等级

项目	销量	活跃率	进货SKU	车销	新客户开发	评估得分	当月等级	上月等级	上上月等级
权重	35	20	15	15	15				
KPI									

二、评估机制

		评定办法	核算公式
销量	35	1.达成率≥110%，得分=权重×1.1×达成率； 2.110%<达成率≤100%，得分=权重×达成率； 3.100%<达成率≤80%，得分=权重×0.8×达成率； 4.达成率<80%，得分=0	达成率=实际达成/目标
活跃率	20	1.活跃率≥80%，得分=权重×1.1×达成率； 2.80%<达成率≤60%，得分=权重×达成率； 3.达成率<60%，得分=0	活跃率=活跃客户数/计划拜访客户数
进货必备SKU数	15	1.达成率≥100%，得分=权重×达成率； 2.达成率≤100%，得分=0	达成率=进货必备SKU数/目标必备SKU数
车销	15	1.车销率≥110%，得分=权重×1.1×达成率； 2.110%<车销率≤100%，得分=权重×达成率； 3.100%<达成率≤80%，得分=权重×0.8×达成率； 4.达成率<80%，得分=0	车销率=车销天数/计划车销天数
新客户开发并活跃	15	1.达成率≥110%，得分=权重×1.1×达成率； 2.110%<达成率≤100%，得分=权重×达成率； 3.100%<达成率≤80%，得分=权重×0.8×达成率； 4.达成率<80%，得分=0	达成率=实际开发客户数/目标开发客户数

三、评估得分

值	等级
≥90	●
75≤值<90	●
60≤值<75	●
<60	●

四、管理措施

关户	连续三个月为红灯记录
预警	连续两个月为红灯记录
	连续三个月为黄灯记录

评估人（签字）： 餐饮批发商（签字）：

时间： 时间：

表4-4 中高档餐饮批发商管理

2017年____月____中高档餐饮批发商生意回顾

一、评估等级

项目 / 权重	销量	活跃率	进货SKU	纯净度	中高档餐饮开发	评估得分	当月等级	上月等级	上上月等级
权重	35	20	15	15	15				
KPI									

二、评估机制

评估指标	权重	评定办法	核算公式
销量	35	1.达成率≥110%，得分=权重×1.1×达成率； 2.110%<达成率≤100%，得分=权重×达成率； 3.100%<达成率≤80%，得分=权重×0.8×达成率； 4.达成率<80%，得分=0	达成率=实际达成/目标
活跃率	20	1.活跃率≥80%，得分=权重×1.1×达成率； 2.80%<达成率≤60%，得分=权重×达成率； 3.达成率<60%，得分=0	活跃率=活跃客户数/计划拜访客户数
进货必备SKU数	15	1.达成率≥100%，得分=权重×达成率； 2.达成率≤100%，得分=0	达成率=进货必备SKU数/目标必备SKU数
纯净度	15	1.纯净度≥80%，得分=权重×1.1×达成率； 2.80%<纯净率≤60%，得分=权重×达成率； 3.纯净度<60%，得分=0	纯净度=中高档餐饮客户数/服务客户数
中高档餐饮开发并活跃	15	1.达成率≥110%，得分=权重×1.1×达成率； 2.110%<达成率≤100%，得分=权重×达成率； 3.100%<达成率≤80%，得分=权重×0.8×达成率； 4.达成率<80%，得分=0	达成率=实际开发客户数/目标开发客户数

三、评估得分

值	等级
≥90	●
75≤值<90	●
60≤值<75	●
<60	●

四、管理措施

关户	连续三个月为红灯记录
预警	连续两个月为红灯记录
	连续三个月为黄灯记录

评估人（签字）： 餐饮批发商（签字）：

时间： 时间：

595家的服务客户数，餐饮业代平均每天拜访近100家，显然业代是无法服务过来的，低绩效的餐饮门店拜访价值也不大。因此，我们必须对服务客户进行合理规划，对服务客户进行频次管理，既让业代的绩效最大化，又要服务好客户。

3.1 普通餐饮

（1）服务管理。

在全国近600万家餐饮门店中，普通餐饮占比80%以上。普通餐饮因其经营的早餐、快餐、菜品等品种不一样，又因其门店经营规模、所处位置、人群、经营时间等因素影响，消费者对酒水的需求也不一样。普通餐饮的服务与拜访是比较复杂的，需要区别对待，对其服务等级进行划分。为了提高餐饮门店的服务拜访效果，需要与普通餐饮批发商合理分工，服务模式采用普通餐饮批发商+普通餐饮业代双重服务和拜访模式。普通餐饮批发商以车销形式提供高频次、一站式酒水送货服务，做好店内陈列；餐饮业代拜访高绩效的普通餐饮售点，通过店内活动推动、店内陈列与打造影响其他普通餐饮售点，加快餐饮批发商对普通餐饮售点的覆盖与掌控。

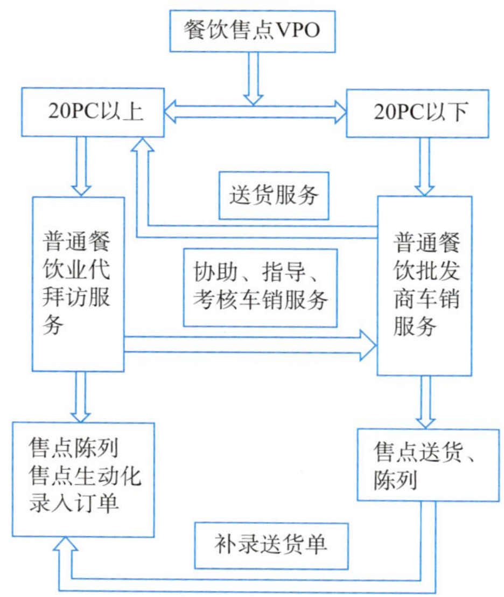

图4－13　普通餐饮售点VPO

如图4－13所示，售点月均VPO 20PC（Phisical Case自然箱），周订单量5PC。由于普通餐饮每周订货频次较高，而周订单量只有5PC，业代每周多频次拜访绩效会非常低。业代获取的订单量少，普通餐饮送货绩效也不高，会存在甩单现象。餐饮售点若未能满足其12小时内送货需求，很快转向其他就近服务的传统批发商或其他餐饮批发商，容易丢失客户。普通餐饮批发商每周的多频次车销可以满足普通餐饮的高频次订货需求，所以为了提高餐饮业代拜访效益、鼓励餐饮批发商车销服务售点，同时让餐饮业代有更多时间拜访高绩效售点，服务好餐饮售点，我们规定月均销售 20PC 的餐饮售点，餐饮业代必须拜访。

（2）订单录入管理。

餐饮业代拜访餐饮售点时获取的订单要及时录入订单，订单交由普通餐饮批发商送货。普通餐饮批发商给车销服务的餐饮售点做好送货记录，每天下班前将送货记录及时传给业代并录入系统，体现餐饮售点的销售情况和活跃度，为销售决策提供依据。

（3）客户清单调整。

普通餐饮批发商下线客户清单，文员每三个月调整一次，月均 VPO 超过 20PC 的餐饮售点升级由普通餐饮业代服务，低于 20PC 调整为由普通餐饮批发商车销服务，以提高普通餐饮售点的服务水平和运作效率。

3.2 中高档餐饮

（1）服务管理。

与中高档餐饮合作伙伴合作后，充分利用其下线客户信息资源共同开发、快速拓展客户。餐饮业代将新的餐饮客户门店信息、关键人信息与中高档餐饮合作伙伴充分共享。中高档餐饮合作伙伴利用自身产品品类优势、配送服务优势、客情优势，餐饮业代通过品牌企业品牌优势、资源优势，双管齐下，取得与餐饮客户的合作。如图 4－14 所示。

（2）订单录入管理。

餐饮业代拜访餐饮售点时获取的订单、线上订单、电话订单，要及时录入终端机，订单交由中高档餐饮合作伙伴送货。

中高档餐饮合作伙伴自售订单，做好送货记录，每周至少 2 次交由餐饮业代录入系统，体现餐饮售点的销售情况和活跃度，为销售决策提供依据。

（3）服务频次管理。

中高档餐饮前期开发首要的问题是解决产品卖进（sell in）。为了聚焦开发，服务频次相对较高，一周一访，甚至一周多访；在成功解决产品卖进后，门店合作严格按合同条款执行陈列、生动化物资使用，而送货服务交由中高档餐饮合作伙伴，这时候服务频次可调整为两周一访，由主任与餐饮业代共同完成服务频次调整。每天除了正常客户拜访时间外，预留时间做客户开发。

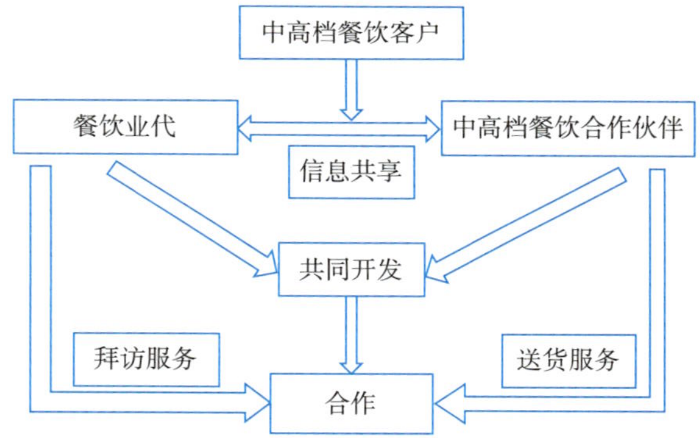

图 4－14　服务管理

三　合作伙伴的激励计划

对合作伙伴的激励计划有多种形式或方式，既有短期激励，又有长期激励；既有物质激励，又有荣誉激励。无论何种形式或方式，要看是否有利于提高合作伙伴的忠诚度，是否有利于快速覆盖餐饮渠道，是否有利于渠道的良性发展。

1. 经销商激励计划

餐饮经销商体量较大，过度的物质激励势必造成渠道冲突，而有限的物质激励又不能打动餐饮经销商，建议采取荣誉体系激励（总裁特别奖、年度最大贡献奖等）、生财工具激励（带公司 LOGO 的货车、叉车、托盘等）、生意激励（培训、会议、标准化作业等）等来培养餐饮经销商的忠诚度，助力其发展生意，坚定其合作信心。

年度生意发展计划如图 4－15 所示。

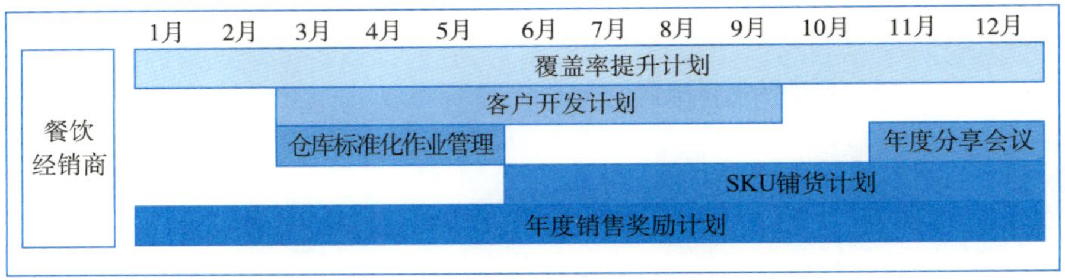

图 4－15　年度生意发展计划

2. 批发商激励计划

餐饮批发商因生意的体量不够大，对批发商的激励要尽量选择物质激励（产品折扣）和生财工具（带公司 LOGO 的面包车、三轮车等），以造血的方式激励批发商利用自身的客户资源优势，积极拓展餐饮客户。

针对这两种类型的批发商也要采取不同的激励计划，以达到快速开发客户和 SKU 拓展的目的，如图 4－16 所示。

普通餐饮批发商的激励计划主要是售点激活计划和 SKU 铺货计划。

中高档餐饮批发商的激励计划主要针对新客户的开发计划和销量达标计划。

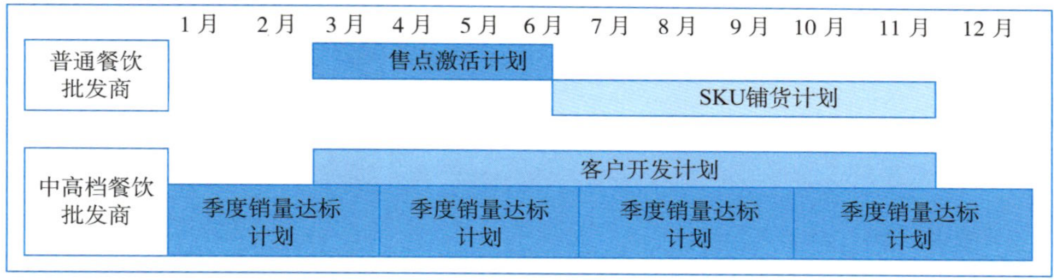

图 4-16　激励计划

普通餐饮批发商售点激活方案

活动背景：经过几个月的冬天，部分普通餐饮售点酒水饮料可能停售，趁天气转热前，通过普通餐饮批发商的客情关系，激活几个月未活跃的售点。

时间：2017 年 3 月—2017 年 5 月。

方式：通过系统筛选未活跃客户数，制定活跃客户数目标（下线客户月度活跃率 80% 为目标）。

考核方式：连续 3 个月活跃率 80% 以上，检查合格无假订单（发现 1 例假订单则取消奖励）。

奖励方式：达到上述条件，产品折让 = 新活跃客户数 ×3×2 件 PET600 纯净水。

折让发放时间：2017 年 6 月随货搭赠。

中高档餐饮批发商客户开发方案：

月度开发目标： 10 家（不滚动、不叠加）

时间： 2017 年 3 月—2017 年 10 月。

开发标准： 20 张台以上，进货必备 SKU 齐全。

考核方式： 当月新建并活跃至少 10 家，进货必备 SKU 齐全。

管控方式： 主任抽查有假订单、店面标准未达标，则取消该批发商的合作资格。

奖励方式： 达到上述两个条件，产品折让 = 新开并活跃客户数 ×200 元/店的产品折让。

折让发放时间： 次月产品折让随货搭赠。

第五部分

餐饮渠道人力构建和组织发展

一 餐饮渠道人员设置原则

餐饮渠道人力编制设置不同于其他渠道，首先是建立在服务模式的前提下，随着下线售点的持续增加而增设人力，建立密集的餐饮服务模式，再增加人力，逐步扩大餐饮渠道的覆盖。如图 5－1 所示。

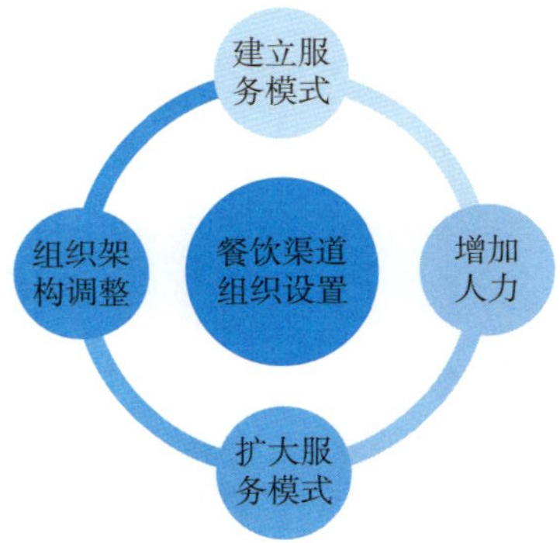

图 5－1　餐饮渠道组织设置

1. 餐饮渠道人力编制及组织设置方式

- 根据餐饮售点盘点调查表明细，确定餐饮售点集中区域集中开发，建立餐饮服务模式。
- 随着餐饮批发商的开发推进，下线客户随之持续活跃，现有服务售点已超出餐饮业代人均服务售点要求。
- 根据服务的餐饮售点数，依据人力编制架设原则，循序渐进增加餐饮业代。

- 依据人员管理幅度要求，设置相应的餐饮服务组织架构。

2. 业务代表服务售点的设置

业代一天正常服务售点的时间如图5－2所示，从业代到达第一个售点的时间到最后一个售点结束拜访，线路拜访的时间为6小时。如何有效利用6小时的客户拜访时间，提升拜访绩效，既服务好客户，又能满足餐饮客户服务所需，这就需要对餐饮业代的拜访频次、日拜访客户数进行设置。

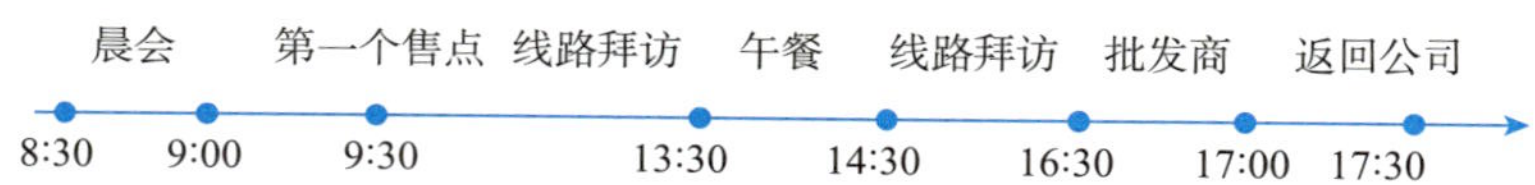

图5－2　业代一天正常服务售点的时间

2.1　普通餐饮业代

为了提升普通餐饮业代的拜访效率，餐饮业代仅服务月销量20PC以上的餐饮客户，20PC以下的餐饮客户则由普通餐饮批发商车销，不纳入拜访清单，但是车销销量由餐饮业代录入系统。采用5＋1的工作制，5天正常线路拜访，1天车销模式。

我们根据餐饮客户月度销量对普通餐饮进行等级划分，参照普通餐饮仓库小、订货频次高的特点，确定餐饮业代拜访频次。

A类客户：≥30PC，一周二访。

B类客户：20PC≤售点＜30PC，一周一访。

C类客户：＜20PC，普通餐饮批发商车销。

业代有效工作时间为 6 小时 ×60 分钟，总计为 360 分钟。

店与店之间位移花费的时间 60 分钟（餐饮街相对集中的区域）。

店内所需时间 360 分钟 − 60 分钟 = 300 分钟。

假设 A 业代线路客户如下：

A 类客户 50 家，则周拜访：50 ×2 = 100 次；

B 类客户 130 家，则周拜访：130 ×1 = 130 次；

日均拜访客户：（100 + 130）/5 = 46 次；

拜访每家店所需的时间：300 ÷ 46 = 6.5 分钟。

普通餐饮服务要求如表 5 − 1 所示。

表 5 − 1　普通餐饮服务要求

售点类型	销量要求	每周拜访频次（次）	服务时间	服务类型	服务客户数（个）
A	≥30PC	2	6.5 分钟	专职业代服务	40
B	20PC≤售点 <30PC	1			160
C	<20PC	3	10 分钟	车销服务	240

每家店拜访所花的时间是固定的，餐饮业代在店与店之间位移花的时间越少，拜访的客户就越多。因此，为了提高拜访效益，餐饮业代日常拜访要从餐饮店相对集中的餐饮一条街着手，逐步辐射周边。这样既可以提高拜访效益，又可以增

加拜访客户数，从而达到提效的作用。如图 5 – 3 所示。

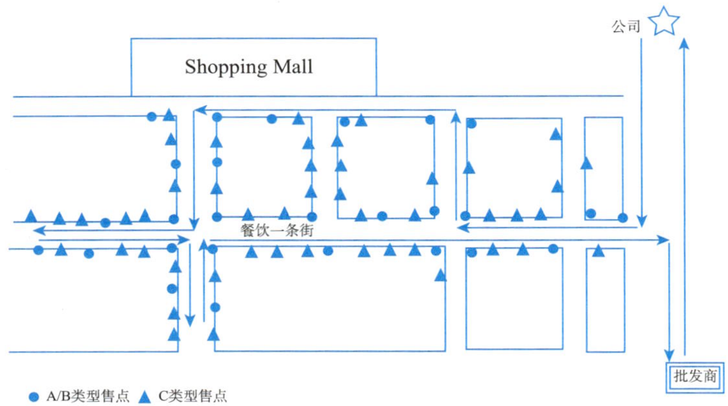

图 5 – 3　普通餐饮拜访要求

普通餐饮业代月均服务售点不得低于 180 家。

2.2　中高档餐饮业代

中高档餐饮的服务，一方面，要设定固定的客户拜访时间；另一方面，要保持一定的弹性时间用于客户开发。在服务中高档餐饮时，最重要的是首先解决产品卖进、聚焦客户开发问题，在弹性工作时间加大拜访频次，合作后由中高档餐饮配送服务跟进。这时的工作内容主要为维护客情、获取订单、售点执行检查、市场活动推进、信息搜集等，拜访频次可降为 2 周一访或 3 周一访。

中高档餐饮客户分布较为分散，相邻客户不一定有合作，区域跨度大，店与店之间位移花费时间较多。

业代有效工作时间为 6 小时 ×60 分钟，总计 360 分钟；

假设店与店之间位移花费的时间 100 分钟，开发客户预留时间：60 分钟；

店内所需时间：360 分钟 − 100 分钟 − 60 分钟 = 200 分钟；

假设业代线路客户 200 家，2 周 1 访拜访频次，周拜访客户数：200 ÷ 2 = 100；

日均拜访客户：100 ÷ 6 = 17；

拜访每家店所需的时间：200 ÷ 17 = 12 分钟。

中高档餐饮服务要求如表 5 − 2 所示。

表 5 − 2　中高档餐饮服务要求

售点类型	销量要求	每周拜访频次	服务时间	服务类型	服务客户数
A	≥30PC	0.5	12 分钟	专职业代服务	200
新客户开发		2 ~ 3	20 ~ 30 分钟		20

中高档餐饮业代同样尽可能减少店与店之间的位移时间，由点到线集中开发，最大限度发挥业代日常拜访效能，找出更多的时间做客户开发。中高档餐饮业代月均服务售点不得低于 200 家。

3. 人员配置原则及工作执掌

我们根据业务需求，以服务售点数为起点来设置餐饮业代人数，根据管理幅度来配置餐饮主管人数，层层递进、逐步扩大，形成了餐饮渠道组织发展架构。如表 5－3 所示。

表 5－3　餐饮渠道组织发展架构

岗位	工作执掌	人力配备原则
餐饮经理	制定餐饮渠道销售策略，规划餐饮渠道活动方案，实现餐饮渠道的净增长	至少管理 3 个餐饮主任
U2 城市餐饮主任	督导 U2 城市的餐饮渠道发展，督导 RTM 的布建，指导其健康发展，辅导餐饮专职业代技能提升	辅导 U2 城市的餐饮主任和餐饮业代，对 U2 城市餐饮发展负责
中高档餐饮主任	布建中高档餐饮合作伙伴，制定中高档餐饮开发计划，推动活动执行	管理 5～6 个中高档餐饮业代
普通餐饮主任	布建普通餐饮合作伙伴，推动普通餐饮批发商车销，提高普通餐饮的覆盖和活跃	管理 5～6 个普通餐饮业代，每周至少车销 1 次
中高档餐饮业代	同中高档餐饮批发商共享信息，开发客户，执行活动方案	服务 5～6 个普通餐饮批发商，人均服务售点 200 个，拜访频次 2 周 1 访，中高档餐饮首要解决卖进，其次是客情关系的维护
普通餐饮业代	协助普通餐饮批发商的车销，开发售点，拓展 SKU，提高普通餐饮批发商送货服务频次	服务 5～6 个普通餐饮批发商，人均服务售点 180 个，拜访频次 1 周 1 访，每周至少车销 1 次
餐饮业代	负责中高档餐饮批发商信息共享，开发客户，维护客情关系，协助普通餐饮批发商车销，提高送货频次	服务餐饮批发商 5 家，人均服务售点 200 个

二　组织架构设立

为了实现对餐饮渠道的有效服务和工作对接与推进，我们需要组建快速高效的业务拓展组织架构。要明确 HO（Head Office 总部）和大区团队的角色定位与工作目标，HO 负责顶层设计与规划，区域负责团队组建与业务落地执行。如图 5－4 所示。

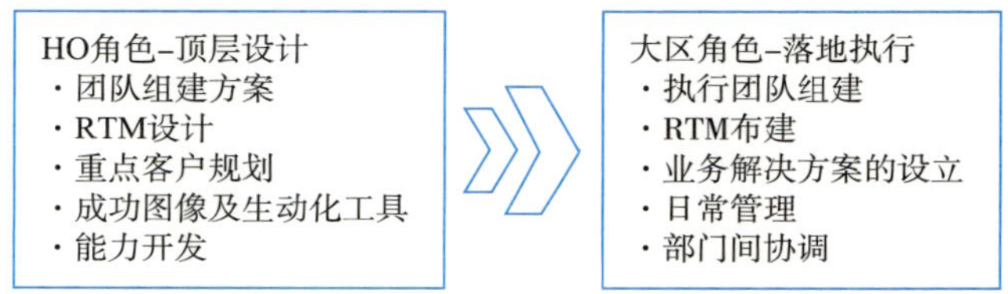

图 5－4　业务拓展组织架构

1. 餐饮渠道各层级组织架构

1.1　HO 职能架构

HO 职能架构如图 5－5 所示。

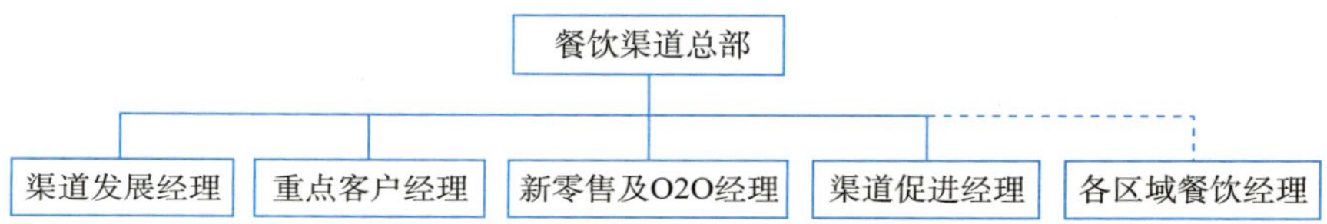

图 5－5　HO 职能架构

1.2 区域餐饮组织架构

区域餐饮组织架构如图 5 – 6 所示。

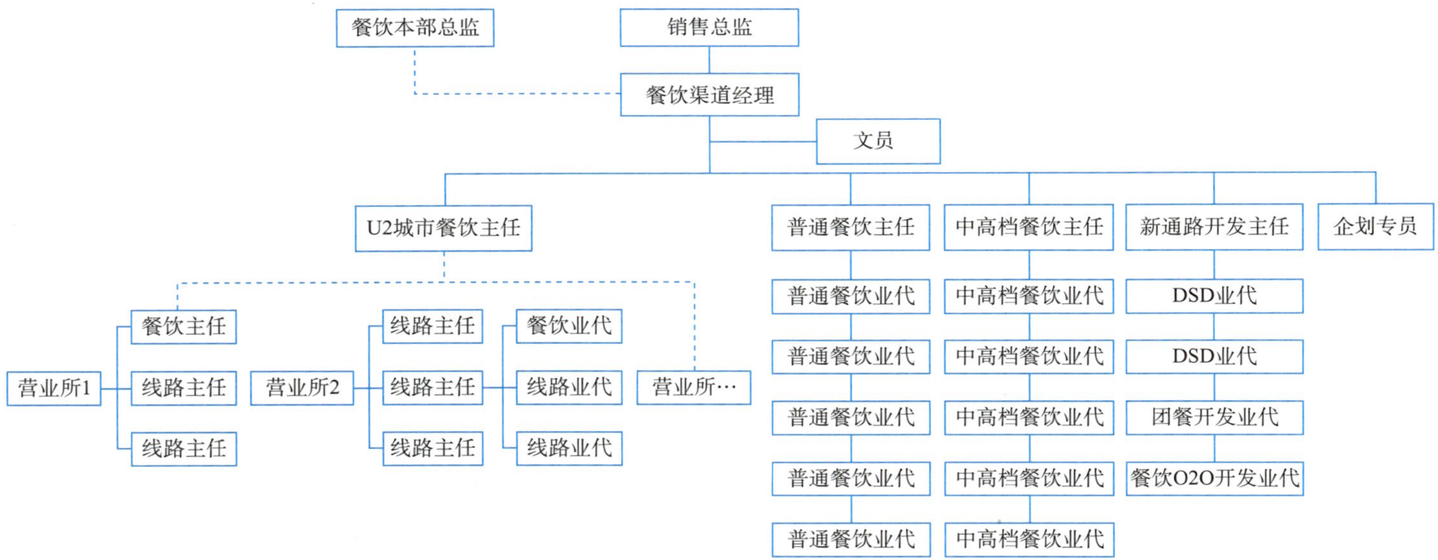

图 5 – 6　区域餐饮组织架构

1.3 营业所餐饮服务架构

针对餐饮客户数达到一定体量的 U2 城市，可设置专职餐饮主任负责餐饮渠道的发展。U2 城市餐饮主任在 RTM 布建、客户开发、促销执行上给予餐饮主任功能上和业务上的指导。如图 5 –7 所示。

针对部分 U2 城市和 C 类城市不发达的餐饮市场，设置混合型餐饮业代。既服务普通餐饮，又服务中高档餐饮。U2 城市餐饮主任在业务上给予餐饮业代指导，制定推动计划。如图 5 –8 所示。

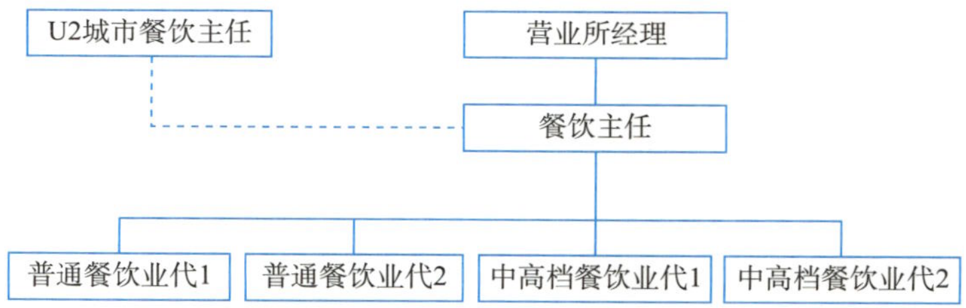

图 5 –7　U2 营业所餐饮服务架构

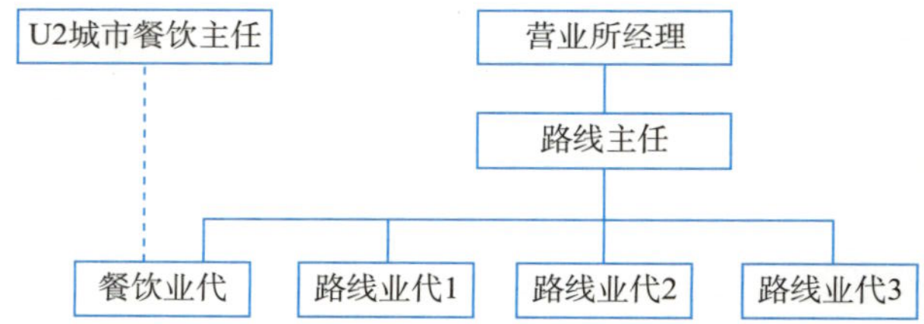

图 5 –8　不发达的餐饮市场服务架构

2. 人力发展

2.1　HO 的职能发展

HO 职能介绍及职能发展：

（1）餐饮总监职能如表 5 –4 所示。

表 5 –4　餐饮总监职能

	岗位职责描述
渠道发展	餐饮系统营销战略规划及年度销售计划
	餐饮渠道系统建设与优化

续表

	岗位职责描述
渠道发展	渠道开发规划和营销策略
	渠道促进发展
数据分析	餐饮渠道的各项关键指标分析与追踪
	RTM 发展和渠道发展分析
	重要客户发展和数据跟进
渠道研究	餐饮渠道工具开发与运用
	研究渠道发展趋势
	针对典型的餐饮市场机会，研究开创新的方法、制度

（2）餐饮渠道发展经理职能如表 5－5 所示。

表 5－5　餐饮渠道发展经理职能

	岗位职责描述
渠道发展	年度预算
	组织架构及人力发展
	RTM 结构系统建设与优化

续表

	岗位职责描述
渠道研究	客户、消费者及业务的洞察
	研究渠道发展趋势
数据分析	餐饮渠道发展报告
	客户子渠道分析
	各类型经销商发展数据
	餐饮经销商、批发商销售数据分析
	品类发展报告

（3）重点客户经理职能如表 5－6 所示。

表 5－6　重点客户经理职能

	岗位职责描述
客户开发	指导全国餐饮渠道开发计划
	NKA、RKA 餐饮客户开发计划
	定期拜访 NKA、RKA，维护客情关系
渠道方案	餐饮渠道的经典个案分析、研究，创新及经验推广
	汇总餐饮渠道客户开发的成功经验，及时推广与交流

续表

	岗位职责描述
数据分析	NKA、RKA 销售数据分析
	各区域客户开发跟进
	重点客户开发进度报告
	渠道业务发展报告

（4）渠道促进经理职能如表 5－7 所示。

表 5－7　渠道促进经理职能

	岗位职责描述
渠道工具	研究餐饮渠道成功图像
	生动化工具开发
	消费者行为研究，针对性的市场活动
	渠道检核标准
跨渠道促销	NKA、RKA 个性化促销
	异业渠道整合促销
	汇总各大区渠道促销成功经验，及时推广与交流

续表

	岗位职责描述
费用管理	年度费用规划
	管理和核销渠道费用

（5）新零售及 O2O 经理职能如表 5－8 所示。

表 5－8　新零售及 O2O 经理职能

	岗位职责描述
平台对接	对接供应链平台，链接大区
	对接外卖平台，链接大区
	对接餐饮新零售平台，链接大区
数据分析	平台数据分析
	消费者画像分析报告
	各区域销售数据分析
渠道促销	新品首发
	套餐及买赠活动
	大区活动成功经验，及时推广与交流

2.2 区域职能发展

（1）职位评价：

● 餐饮经理是餐饮渠道执行的领导者。

- 全面推动餐饮项目发展的执行者。
- 餐饮渠道发展的规划者。
- 高潜力和高绩效的销售团队管理者。
- 业务方案协调者和执行者。
- 确保销量来源的唯一性，避免与其他销售和渠道冲突。

● U2 城市餐饮主任是项目拓展者。

- 项目推动能力。
- 沟通协调能力。
- 数据分析能力和培训指导能力。
- 确保市外城市餐饮项目成功推动。

● 新通路开发主任是餐饮渠道新通路的开发者。

- B2B 餐饮供应链开发（美菜网、有菜）。
- 对接餐饮新零售平台（京东、阿里餐饮新零售）。
- 对接 O2O 外卖（美团、饿了么等）。

- 指导团餐、茶楼、夜店的开发。
- 餐饮渠道新通路的践行者。
- 敏锐的新通路洞察能力。

● 中高档餐饮主任是专注于中高档餐饮开发与管理的专业人员。

- 谈判能力。
- 活动执行能力。
- 培训指导能力。
- 团队管理能力。
- 确保占领中高档餐饮渠道。

● 普通餐饮主任是专注于普通餐饮开发与管理人员。

- 团队管理能力。
- 项目规划能力。
- 培训、辅导能力。
- 确保普通餐饮有竞争力的覆盖。

● 中高档餐饮业代。

- 业绩最好或最有发展潜力的餐饮业代充实该职位。
- 有餐饮渠道开发经验。

- 沟通谈判能力。
- 抗压力、执行力强。

● 普通餐饮业代和餐饮业代。

- 业绩最好或最有发展潜力的销售人员充实该职位。
- 这个职位将是销售人员职业提升的重要节点。
- 执行力强。

（2）区域餐饮渠道人员发展路径：

建立完善的餐饮组织发展架构，引导餐饮渠道不同层级人员规划好职业发展路径，打造稳定的、可持续发展的餐饮渠道组织发展架构。如图 5－9 所示。

三　人员激励计划

在人员激励方面，有工作激励、精神激励、荣誉激励和物质激励，总部和大区的激励侧重点是不一样的。马斯洛需求层次理论如图 5－10 所示。

总部制定的激励主要是荣誉激励（能力提升培训计划、团队及个人荣誉、团建等），以及精神激励（榜样激励、表扬激励、领导激励等）；大区激励通过工作激励（晋升、项目领导人等）、物质激励（额外奖、薪资等）、各种激励的组合来激励餐饮人员朝着同一个目标前进。

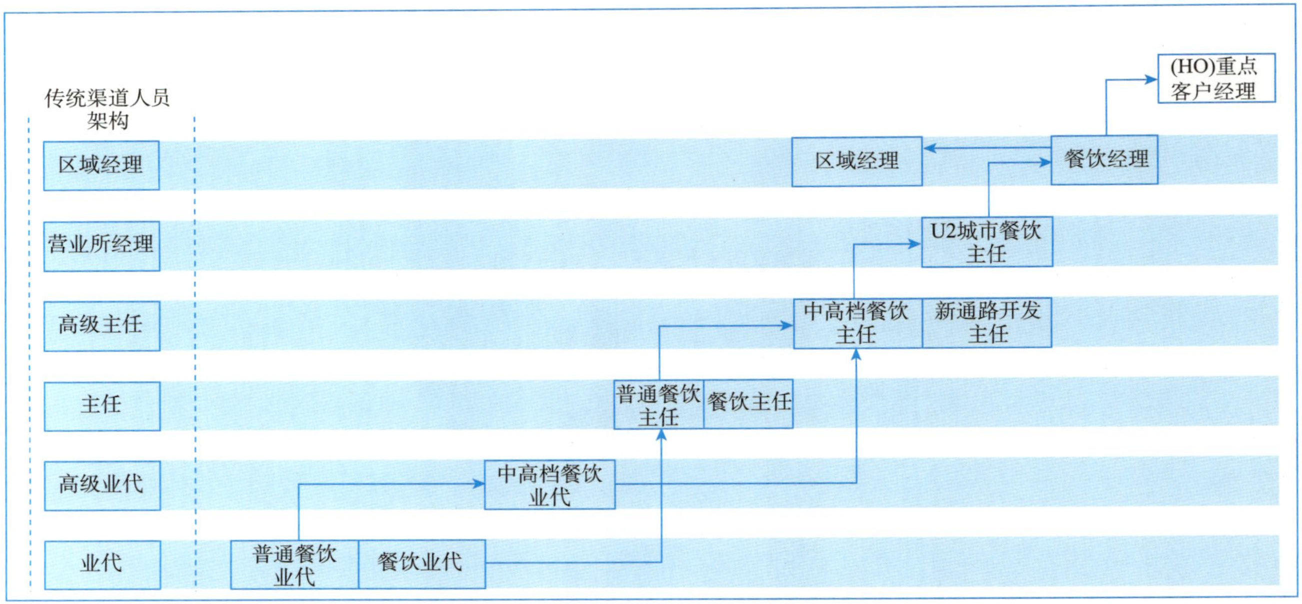

图 5－9　餐饮渠道人员发展路径

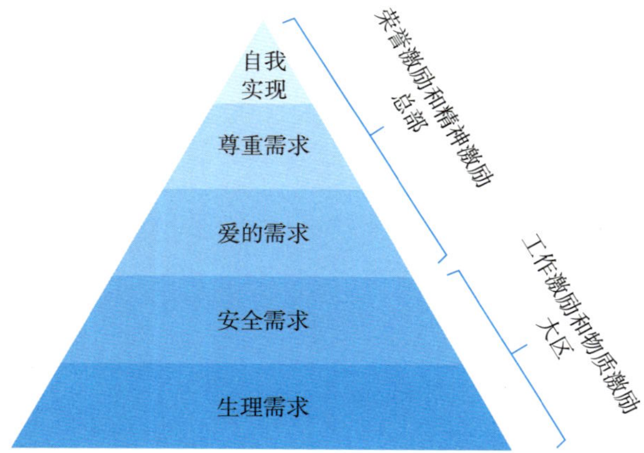

图 5－10　马斯洛需求层次理论

1. 总部人员的激励方案设计

（1）激励目标的制定。

（2）考核细则。

（3）活动造势与动员（口号、荣誉名称、会议推动等）。

（4）方案执行与追踪、过程监控与管理。

（5）活动评审与评选。

（6）会期安排如表 5－9 所示。

会期：3 天。

内容：团队及个人奖颁奖、培训与研讨 + 市场走访与调研 + 团队建设。

表 5－9　会期安排

日期	星期	时间	活动内容	参与人员及事项	活动地点
11 月 23 日	周四	18：00 前	酒店报到	各大区餐饮经理、2 名优秀餐饮业代	林恩国际酒店
11 月 24 日	周五	8：30－9：00	开训	事业群群总	林恩国际酒店
		9：00－9：20	到会致辞	省总经理	
		9：20－9：50	颁奖	事业群群总、省总经理、全国餐饮总监	
		9：50－10：00	合影	全体人员	
		10：00－10：15	团队组建及积分规则	分成八个小组，组长、队名	
		10：15－10：30	茶歇	/	
		10：30－12：00	全国餐饮渠道发展报告	全国餐饮总监	
		12：00－13：00	午餐	/	酒店自助餐
		13：00－13：45	渠道发展规划研讨	渠道发展经理	林恩国际酒店
		13：45－14：30	餐饮渠道促销活动研讨	渠道促进经理	
		14：30－14：45	茶歇	/	
		14：45－15：30	重要客户开发研讨	新零售及重点客户经理	

续表

日期	星期	时间	活动内容	参与人员及事项	活动地点
11 月 24 日	周五	15：30－17：30	渠道经验开发分享	4 个大区（每个大区半小时）	林恩国际酒店
		17：30－18：00	第二天活动安排、市场走访计划	全国餐饮总监	
11 月 25 日	周六	8：30－9：00	各小组讨论市场走访议题	8 个小组分别对 4 个项目进行调研	
		9：00－9：30	各小组到达各自区域	各小组、总部人员参与各小组调研	各自区域
		9：30－12：30	餐饮一条街（2 条）	2 个小组分别调研一条餐饮街	指定区域
			Shopping Mall（2 个）	2 个小组分别调研一个 Shopping Mall	指定区域
			餐饮经销商走访（4 个）	2 个小组分别走访 2 个餐饮经销商	指定客户
			餐饮批发商走访（不同批发商类型各 2 个）	2 个小组分别走访 2 个不同类型餐饮批发商	指定客户
		12：30－13：00	午餐	地道火锅	小龙坎火锅
		13：30－14：00	返回酒店	全体人员	林恩国际酒店
		14：00－17：30	准备报告资料	各小组、总部人员参与各小组讨论	
		17：30－18：30	晚餐	全体人员	酒店自助餐
		18：30－21：00	各小组报告与评比	各小组互评	林恩国际酒店
11 月 26 日	周日	9：00－9：30	活动方案介绍	全体人员	
		9：30－12：30	团建活动：寻宝记	各小组以最短的时间、最少的费用、最创意的方式完成任务	指定 8 个互动餐厅

续表

日期	星期	时间	活动内容	参与人员及事项	活动地点
11 月 26 日	周日	12：30－13：30	中餐	最成都餐厅	饕林餐厅
		13：30－14：00	返回酒店	全体人员	林恩国际酒店
		14：00－15：00	优胜团队评比	各小组互评，全国餐饮总监颁发礼品	
		15：00－15：15	合影	全体人员	
		15：30	返程		

（7）活动方案评估

（8）结案

2. 区域人员的激励方案设计

餐饮业代打擂赛

评比要求：过去 6 个月中平均 KPI 达成大于或等于 105%。

评比时间：一月和七月。

激励方式：销售总监参加一线销售会议时公布获奖名单，并且颁发金牌业代毛背心，获得金牌业代的 SR 成为晋升为高级销售代表的重要依据

考核细则：考核细则如表 5－10 所示。

表 5－10　考核细则

评估指标	权重	评定办法	核算公式
分销量	35	1. 达成率≥110%，得分＝权重×1.1×达成率 2. 110%＜达成率≤100%，得分＝权重×达成率 3. 100%＜达成率≤80%，得分＝权重×0.8×达成率 4. 达成率＜80%，得分＝0	达成率＝实际达成/目标
活跃率	20	1. 活跃率≥80%，得分＝权重×1.1×达成率 2. 80%＜达成率≤60%，得分＝权重×达成率 3. 达成率＜60%，得分＝0	活跃率＝活跃客户数/计划拜访客户数
新开客户达成率	15	1. 达成率≥100%，得分＝权重×达成率 2. 达成率≤100%，得分＝0	达成率＝实际新开并活跃客户数/目标新开并活跃客户数
执行检查合格率	15	1. 达成率≥90%，得分＝权重×100% 2. 90%＜达成率≤80%，得分＝权重×80% 3. 达成率＜80%，得分＝0	合格率＝合格家数/检查家数（每个月不低于50家）

第六部分

餐饮渠道的分工及日常管理

餐饮渠道管理实际就是一个端、管、云的综合管理体系，总部与区域分类管理、分工管理。总部负责云的管理，也就是宏观的管理，如方向的引导、大数据的跟进、重要项目的推进，链接产品与美食的结合。区域则负责执行，点对点、端对端地执行，业务人员与售点打交道，促进项目执行。一线餐饮管理人员负责管，这里的管既有对一线人员的管理，又有渠道网络管道的管理，梳理餐饮经销商、餐饮批发商网络布建，区域负责执行、总部负责顶层设计，形成端、管、云的管理合力。

一　总部与区域管理分工

1. 总部管理分工

1.1　网络建设

根据各区域餐饮行业规模数据和餐饮渠道盘点数据，制定各区域网络覆盖计划、活跃计划、销售计划、重要餐饮客户开发计划、餐饮服务模式布建计划，在时间节点上予以控制和跟进，推动各区域的餐饮渠道开发。相关报表追踪：《渠道网络覆盖分析评估》《分/子渠道分销进度追踪》《各区域分销跟进》《经销商、批发商健康度分析》《重要客户拓展汇整报告》《重要客户销售达成分析》《区域重要客户拓展报告》等。

1.2　重要项目管理

总部为了引导各区域有序开发，建立消费者与品牌之间的黏性，增强品牌与餐饮企业的深度合作，在项目的设计与策略的跟进上对大区予以引导、重点发展，增强消费者对品牌的忠诚度，加强品牌企业与餐饮品牌企业的交互，实现多赢。相关项目：《餐饮一条街开发达成追踪》《Shopping Mall 开发达成追踪》《套餐搭配执行追踪》《重要客户活动执行报告》《渠道营销方案执行》等。

1.3 重要指引

为了让一线销售人员快速掌握餐饮渠道开发的技能，总部根据餐饮的不同类型，制定渠道开发手册和产品手册，将其转化为一线人员可执行的开发工具，成为渠道开发的好帮手。同时，根据渠道成功图像指引，既做到一店一议的个性化，又做到标准一致的执行。

《餐饮渠道产品手册》如图6－1所示。

《普通餐饮开发手册》如图6－2所示。

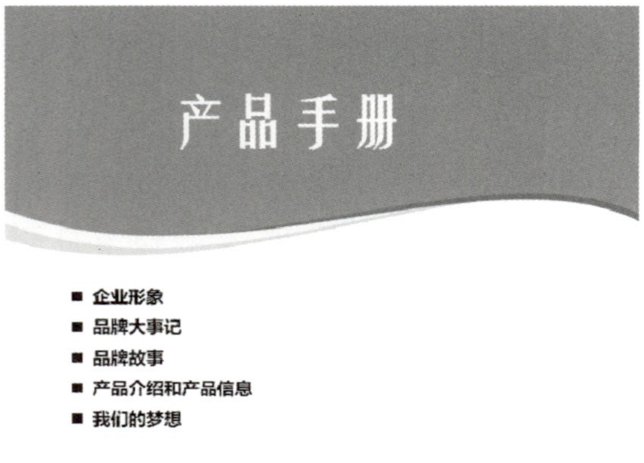

图6－1　《餐饮渠道产品手册》

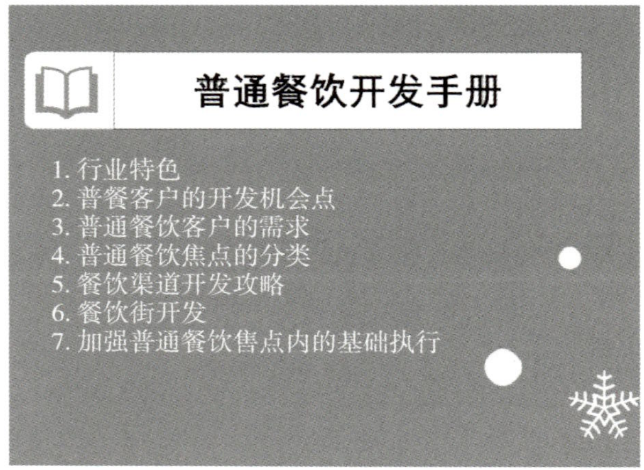

图6－2　《普通餐饮开发手册》

《中高档餐饮开发手册》如图 6 – 3 所示。

《Shopping Mall 发展项目》如图 6 – 4 所示。

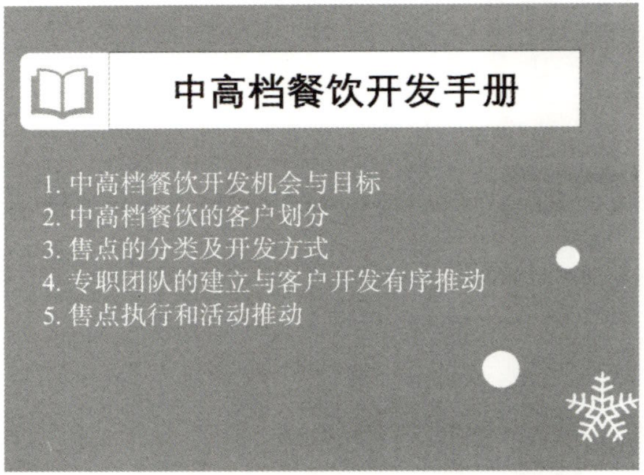

图 6 – 3 《中高档餐饮开发手册》

图 6 – 4 《Shopping Mall 发展项目》

《餐饮经销商、批发商开发手册》如图 6 – 5 所示。

《餐饮渠道成功图像》如图 6 – 6 所示。

2. 区域管理分工

2. 1 网络建设

通过人员服务客户数、分销情况，直达一线餐饮人员售点掌控情况、客户类型、销售状况、绩效表现，找到差距，持续

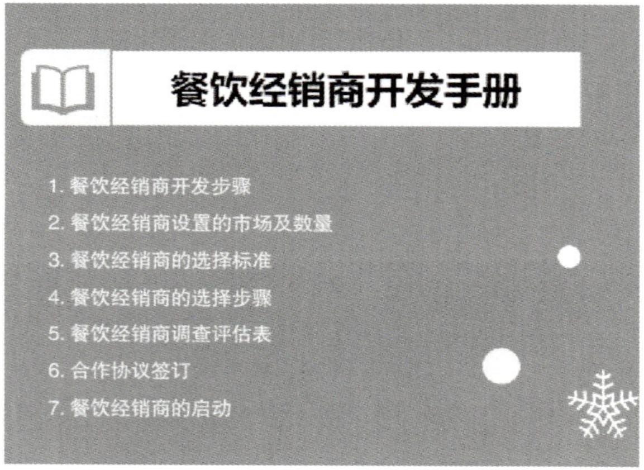

图 6－5　《餐饮经销商、批发商开发手册》

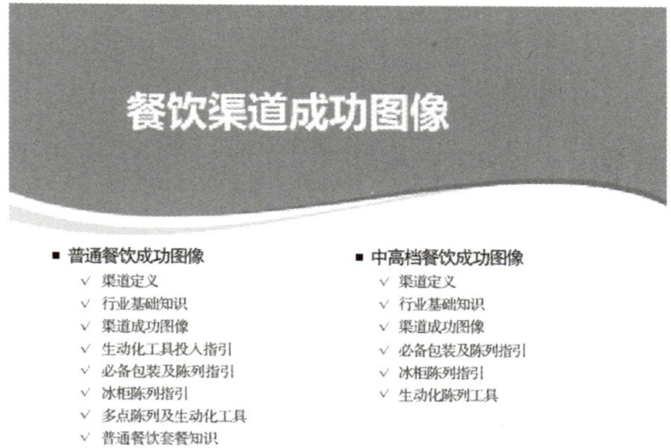

图 6－6　《餐饮渠道成功图像》

跟进。定期分析分销餐饮经销商、批发商的运营状况和健康度，使销售平台始终与品牌企业发展在同一轨道上。

《分/子渠道活跃》《各办事处餐饮渠道网络覆盖分析》《人员服务客户数和绩效分析》《餐饮经销商、批发商销售达成分析》《分/子渠道售点 SKU 进货分析》等。

2.2　重要项目拓展

将重要客户的开发跟进列为专项管理，客户开发明细分配到人，每周跟进开发进度。

《中高档餐饮开发跟进》《区域重点客户开发跟进》《团餐、配餐开发》等。

外卖平台对接、O2O 平台对接、供应链系统对接等。

2.3 市场执行

经理、主任定期检查餐饮售点执行情况，及时跟进执行差距，并对餐饮经销商和批发商服务满意度进行评估，及时公布执行结果和反馈改善进度，制定开发餐饮一条街、Shopping Mall 打造计划。

《售点执行检查表》《餐饮一条街打造执行回顾》《Shopping Mall 项目打造回顾》等。

二 线路拜访与时间管理

一线餐饮人员不像传统业代，管理比较容易量化，能够精准到点位的管理。餐饮业代虽然有固定的拜访线路，但是日常开发或处理非线路客户事务所用时间较多，导致餐饮业代管理起来不容易掌控，过多的限制又会影响餐饮渠道的正常发展和维护，要有一定的弹性安排，因此要选择适合餐饮渠道发展的管理方式。另外，对餐饮各层级人员也要加强辅导和管理，推动组织绩效发展和个人绩效发展。

1. 线路管理

1.1 线路规划设置的原则

（1）行走原则：

- 业代每天拜访的第一家客户应是当天离营业所最远的客户，然后再逐渐按线路拜访，最后一家客户应是离营业所最近的。
- 业代拜访以大路为主线，靠右行走。

（2）区域封闭原则：

- 业代拜访区域应相对封闭，同营业所、同类型业代拜访区域尽量避免重叠。

- 业代在日常拜访及新增客户时要避免跨区。

（3）区域平衡原则：

- 同营业所同类型业代拜访区域内客户数应尽量保持平衡。
- 单个业代分天拜访客户数应控制在 5 家的差异范围内。
- 业代之间的售点内时间 + 干线时间 + 点间位移时间应保持平衡。

（4）后期跟进修改原则：

业代在日常按线路拜访时，如发现任何问题应及时与主任联系修改。

1. 2 线路拜访原则

线路远的区域：由远到近；线路近的区域：由近及远。设定固定的拜访时间，周而复始地拜访。

2. 拜访时间管理

业代每天工作时间规划如表 6 – 1 所示。

业代每天线路拜访时间大约 6 小时。餐饮业代线路区域跨度大、售点间距大，售点与售点间位移花费时间较多。连锁客户拜访跨区域等，而大部分中档餐饮早上 10 点左右开门，下午 2 点到 4 点半处在停业状态，加上处理非线路客户的突发事件（固定的对账和结账时间、客户投诉等），因此业代真正落实在拜访客户和开发客户的时间分配上是不多的。除了按周计划合理设计路线外，每天早会前，业代需要将当天非计划拜访线路的事情进行规划，同主任报备当天工作安排，合理安排工作、提高拜访效率。主任根据业代《周工作计划表》工作内容，督导业代跟进客户，同时根据《重要客户开发跟进表》了解业代拜访时间，进行协同拜访，提供支援，提高客户开发。

表 6－1　业代每天工作时间规划

时间	内容	售点拜访时间
8：30－9：00	晨会	/
9：00－9：30	到达第一个售点	/
9：30－13：30	售点拜访	4 个小时
13：30－14：30	午餐	/
14：30－16：30	售点拜访	2 个小时
16：30－17：00	拜访批发商	/
17：00－17：30	返程	/

三　车销服务管理与客户管理

1. 普通餐饮车销服务管理

为了强化对普通餐饮的车销服务管理，提高车销服务质量，有效监控车销过程，要对车销前、车销中、车销后进行全程管理，指导业代如何管理好餐饮批发商做好车销服务。最终目的让餐饮批发商对普通餐饮的车销形成自发、自觉的服务，充分利用餐饮批发商售点服务的机动性，提高餐饮业代的拜访效率。

1.1 车销安排

车销前一天安排如表 6－2 所示。

表 6－2　车销前一天安排

地点	工作项目	目的	具体内容	备注
营业所	电话预约	通知餐饮批发商第二天要车销，收集信息	1. 第二天车销要走哪条路线？几个街道？多少售点？上次拜访这条线路的时间 2. 有多少售点电话预订了产品？预订的数量、品类 3. 批发商库存产品数量、品类？近期什么产品卖得好，什么产品分销有难度	收集信息、协助如何解决产品分销困难
营业所	销量预估	预估第二天车销销量（含预售），便于准备车销产品、生动化物料及礼品	1. 通过车销线路售点数、预售数等信息预估需要随车带的产品数量，制定分组销售计划 2. 根据预估销量及分组销售计划准备车销礼品	套餐牌、挂牌、海报、桌面陈列、纸巾筒等
营业所	材料准备	保证车销工作顺利进行	1. 客户清单 2. 车销记录表 3. 生动化物料	核对客户信息，将潜在售点尽量转化为可控售点，为客户类型升级做准备 记录下线售点订货情况，为市场需求分析收集材料 提升品牌宣传力度，形成持续的视觉冲击

车销前准备如表 6－3 所示。

表 6－3　车销前准备

途中	电话确认	再次提醒客户	1. 确认到达时间，提醒餐饮批发商准备	避免由于批发商忘记了你的到访，或不知道你几点钟到访而提前出发
			2. 将昨日预估需要携带的产品数量、品类告诉批发商，提前装车准备	节省准备工作花费的时间，用到售点中
客户处	拜访客户	客情关系发展	1. 问候客户	热情、真诚，要在一天的开始就与批发商营造融洽、愉快的氛围
			2. 帮助客户检查携带货品（我司产品＋其他）是否齐全	减少时间和成本的浪费，会增加批发商对你的好感
			3. 帮助客户装车（我司产品＋其他）	节省时间，增进客情

车销中安排如表 6－4 所示。

表 6－4　车销中安排

终端售点	客户维护	激活未活跃的客户，拓展已活跃的客户多进货	1. 问候客户，表明来意，并介绍批发商是我司在本区域的分销商	消除客户的陌生感和距离感
			2. 整理吧台（餐桌），将库存摆上吧台（餐桌）	帮助客户进行吧台（餐桌）的产品陈列
			3. 询问客户习惯的订货频率、订货数量、好卖的 SKU、竞品的价格及服务情况	
			4. 与客户交流	知己知彼，胜券在握

续表

终端售点	客户维护	激活未活跃的客户，拓展已活跃的客户多进货	4.1（客户已电话订货）检查剩余库存量及 SKU，建议客户在原有订单基础上再多进几箱，赠送礼品	挖掘潜在销量，是业代销售能力的体现
			4.2（客户未电话订货）检查剩余库存量及 SKU，建议客户需要补货，布建生动化物资，赠送礼品	可列举其他售点按组进货和获得礼品的情况，从众心理会提高客户活跃的概率
			4.3（客户仍旧未订货）记录未订货原因，库存是否充足、产品评价、资金状况、客情关系	列为主攻目标，重点关注
			4.4（携带产品已用完）采取预售方式，可先将礼品送给客户，刺激客户进货	客户对礼品的新鲜感是有时限性的，不当场拿下订单就可能会有变故
			4.5（携带礼品已用完）积极争取订单，承诺客户礼品将在下次送货时一起带到	每单必争，不仅为了提升销量，还为了压缩竞品的空间
			5. 剩余产品整齐摆放在客户指定位置	不挡路，易拿取
			6. 生动化	桌卡、筷子筒、POP、价牌等，让产品摆放区“亮”起来
			7. 检查铺货 SKU，记录订货情况，做好礼品签收工作	文案工作是分析和制定市场策略的基础
			8. 打招呼，告知客户下次拜访的大致时间，离店	加上一句真诚的“生意兴隆”，会增加客户对你个人、公司及批发商的好感

车销后总结如表 6 – 5 所示。

表 6 – 5　车销后总结

客户处	车销总结	共同分享车销的成果	1. 统计售卖产品数量及电话预售以外的销量	提高批发商合作积极性，增加对我们的信任度和配合度
			2. 与批发商分享订货成功的经验，逐步提升批发商的销售能力和技巧	我们的销售能力只体现在某一天，批发商的销售能力则体现在每一天
			3. 清点批发商库存，合理建议批发商补货	有了这一天愉快的合作，批发商合作自然水到渠成
			4. 预约下次拜访的大致时间，告别返回	

1. 2　车销相关表格

《车销客户清单》如表 6 – 6 所示。

表 6 – 6　《车销客户清单》

普通餐饮批发商车销客户清单							
普通餐饮批发商名称：				编号：		主任：	业代：
序号	客户名称	客户编号	地址	电话	联系人	客户子渠道	拜访日期
1							
2							

续表

序号	客户名称	客户编号	地址	电话	联系人	客户子渠道	拜访日期
3							
4							
5							
6							
7							
8							
9							
10							
11							
12							
13							
14							
15							
16							
17							
18							

续表

序号	客户名称	客户编号	地址	电话	联系人	客户子渠道	拜访日期
19							
20							

备注：

（1）如有增加客户，需要在相邻的两个客户序号间加入编号，如在25和26之间新增客户，则在客户清单最下面空格处填写25－1、25－2，后期随着客户清单的更新再增加序号。

（2）如有关停并转客户，需要在该序号旁做出说明，更新资料时予以剔除。

（3）餐饮业代每月底将该客户清单调整一次，更新后的清单及时给到批发商。

《车销线路图》如图6－7所示。

日期：

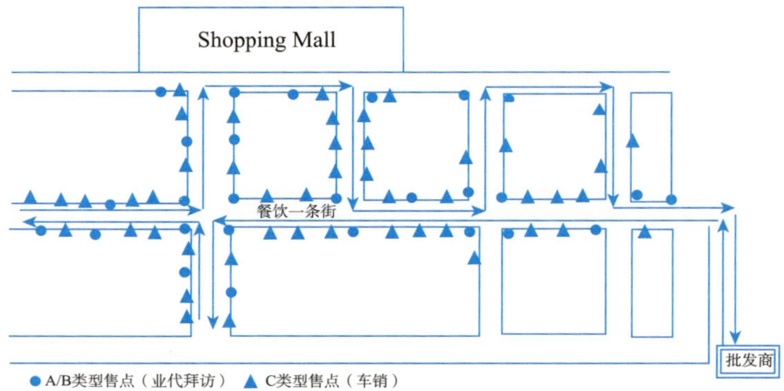

图6－7　《车销线路图》

普通餐饮批发商车销销售记录如表 6－7 所示。

表 6－7　普通餐饮批发商车销销售记录

日期：

序号	客户名称	客户编号	地址	电话	联系人	SKU					
						SKU1	SKU2	SKU3	SKU4	SKU5	SKU6
1											
2											
3											
4											
5											
6											
7											
8											
9											
10											
11											
12											

续表

序号	客户名称	客户编号	地址	电话	联系人	SKU					
						SKU1	SKU2	SKU3	SKU4	SKU5	SKU6
13											
14											
15											

车销销售记录清单，每天交给餐饮业代录入系统，体现活跃与分销。该记录表至少保存半年，以备查核。

2. 客户调整

当天拜访路线上客户信息等发生变化时，出现新增客户、修改客户信息、客户停用、关门等情况需及时并严格按客户资料管理要求提交申请，确保客户资料主数据的准确性，为销售决策提供依据。

2.1 客户新增与信息变更

客户新增是基于该客户业代已获取手工订单或已与餐饮批发商合作送货，经过业代提报、餐饮主任确认核实后才可以新建系统，再由业代补录订单，此客户才能算真正合作起来。杜绝为新建而新建，为开发指标而新建，否则将给予主任和业代纪律处分。

客户新增如表 6－8 所示。

当客户店名、地址、电话、联系人、子渠道等相关主数据信息发生变更，业代线路拜访时，与售点确认后，需在终端机中及时提报变更信息，文员后台处理。

表 6－8　客户新增

日常新增客户申请表：

日期	序号	营业所	客户名称	客户地址	客户电话	联系人	客户类型	负责业代	负责主任	渠道	左边店编号	右边店编号	对应 CP/CW	拜访日	拜访顺序	文员审核			
																是否重复	业代服务客户数	拜访日/拜访顺序审核	最终审核意见

2.2　调整客户状态或关户

餐饮客户清单的调整比较频繁，有些普通餐饮到了冬天可能连续几个月不活跃，处于休眠状态；有因为生意的原因，餐饮门店关店、转让、合并比较频繁；有因为竞争对手的进入不再售卖本品，长期不能活跃；有因为账款、客情等短期内不能与餐饮合作伙伴合作；也有餐饮门店与其他酒水供应商合作，虽然在售卖本品，但是未能活跃等。凡此种种，需要对餐饮客户服务清单进行及时调整，对客户状态进行说明，才能正确把握服务客户信息、竞争状况、售卖情况、活跃规律等。客户清单整理，至少每半年集中清理一次，每个月主任与业代共同调整一次。

客户状态信息如表 6－9 所示。

表 6-9　客户状态信息

客户状态码		描述
O	正常营业	与公司有正常业务往来，且三个月内活跃的客户
A	季节性	在某一特定时段与公司有过业务往来，但已经超过三个月没有进货，而在十二个月内活跃的客户（如普通餐饮在冬天的状态）
B	中央配送	由配送中心或总店负责统一进货和配送的连锁经营的各门店。这些门店有各自的客户编号，不能独立进货，但仍有我公司销售人员进行计划拜访
C	竞争对手专卖	由于客户长期或者转向销售其他品牌产品，而与公司终止业务关系的客户
D	非直接服务	以前与公司有过业务往来，现转由其他供应商（如其他酒水批发）供货，并且在十二个月内活跃的客户
E	账款问题	由于申请赊账未成功或未及时付清对方账款等原因，与公司终止业务关系，但在十二个月内活跃的客户
F	资产问题	由于资产问题未解决完成，已经与公司终止业务关系，但在十二个月内活跃的客户
I	潜力客户	计划开发或已经成功开发，并在系统内已经建档，但尚未被激活的客户，该类客户一旦被激活，即转为“正常营业”状态
K	优化客户	绩效非常低或不连续活跃
G	转行/已不存在	客户已经转营其他行业、因某种原因不存在或倒闭（如搬迁）、系统中重复建档的客户
H	休眠客户	连续十二个月不活跃，但在二十四个月内活跃的客户
S	停用客户	已经连续或超过二十四个月不活跃的客户

新增状态不为 I、B、C；老客户不能修改状态为 I。

四　管理工具与考核方式

1. 工具包（主任、业代）

业代：普通餐饮开发手册、中高档餐饮开发手册、产品手册、餐饮渠道成功图像。

主任：餐饮经销商、批发商开发手册，车销服务管理手册。

2. 餐饮经理服务管理手册

餐饮经理服务管理手册如图 6－8 所示。

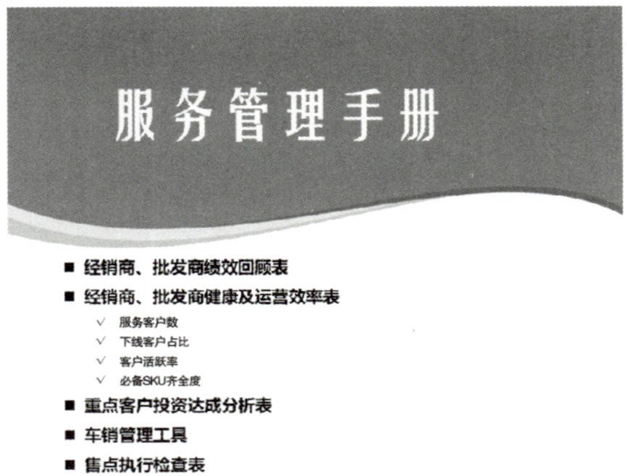

图 6－8　餐饮经理服务管理手册

3. 餐饮部各层级人员 KPI

通过在餐饮渠道组织内设置对不同层级餐饮人员的关键指标来衡量对餐饮渠道的开发和服务的关键点，推动目标式量化管理，体现各层餐饮人员努力方向的一致性。因此，餐饮渠道要关注餐饮售点的服务掌控程度、餐饮服务模式布建的密集性、餐饮渠道覆盖率，从而实现餐饮渠道有利润的销售。

一线人员的 KPI 制定要体现 SMART 原则：

- S 代表具体（Specific），指绩效考核要具体，切中特定时期餐饮渠道工作要领，不能笼统。
- M 代表可衡量（Measurable），指绩效考核指标量化，验证这些绩效指标的数据或者信息是可以获得的。
- A 代表可实现（Attainable），指绩效指标在付出努力的情况下可以实现，避免设立过高或过低的目标。
- R 代表关联性（Relevant），指绩效指标是与上级目标、各指标间具有明确的关联性，最终与公司目标相结合。
- T 代表有时限（Time bound），注重完成绩效指标的特定期限。

同时，不同开发阶段对人员的考核是不一样的，对 KPI 考核细则也要适时调整，如表 6－10 所示。

表 6－10　KPI 考核细则

KPI \ 占比		餐饮经理	U2 城市餐饮主任	中高档餐饮主任	普通餐饮主任	新通路开发主任	中高档餐饮业代	普通餐饮业代	DSD 及新通路业代
年度 KPI（固定）	渠道销量达标率	40%	40%			40%			40%
	经销商进货达标率	20%	20%						
	餐饮批发商进货达标率			40%	40%		40%	40%	

续表

KPI	占比	餐饮经理	U2 城市餐饮主任	中高档餐饮主任	普通餐饮主任	新通路开发主任	中高档餐饮业代	普通餐饮业代	DSD 及新通路业代
季度 KPI（根据公司策略及重点项目，可调整）	回款	20%				20%			20%
	活跃率	20%	20%	20%	20%	20%	20%	20%	20%
	客户开发完成率			20%	20%	20%	20%	20%	20%
	餐饮批发商开发完成率		20%	20%	20%		20%	20%	

KPI 考核原则如表 6－11 所示。

表 6－11　KPI 考核原则

业绩指标		KPI 数据来源	资金范围	数据提供部门	核算原则及公式	目标设定或 KIP 定义
0	销量达标率	系统数据	0 或 80% ~140%	资讯部	达成 = 实际/目标 达成率 <80%，得分 =0； ≥80%，奖金 = 实际达成 × 比重 完成大于 100%，奖金计算方式如下： 业代：>100%，奖金 =100% +（达成率 －100%）×2.5（绩效达成 140% 封顶，奖金 200% 封顶）	一、销量部分计算 1. 餐饮经理考核渠道分销量 2. 餐饮经理和 U2 城市餐饮主任考核餐饮经销商进货量 3. 餐饮主任和餐饮业代考核餐饮批发商进货量 4. DSD 主任和 DSD 业代考核进货量

续表

业绩指标		KPI 数据来源	资金范围	数据 提供部门	核算原则及公式	目标设定或 KIP 定义
					主任：>100%，奖金=100%+（达成率-100%）×3.3（绩效达成130%封顶，奖金200%封顶） 经理：>100%，奖金=100%+（达成率-100%）×5（绩效达成120%封顶，奖金200%封项）	二、发生订单实际退库的销售人员和减退库订单销量
1	客户活跃率	系统数据	0或90% 或100%	资讯部	计算方式： 客户活跃率=活跃客户数/计划拜访客户数（仅限餐饮渠道） ≥90%，奖金=1.2×权重 ≥80%，奖金=100%×权重 ≥65%，奖金=90%×权重 <65%，奖金=0	系统中调出当月计划拜访客户数和活跃客户数
2	回款	财务报表	0或 50%~70% 或85%或100% 或110%	绩效财务	回款=1-超期赊账金额（累计）/赊账客户总销售金额（当月） ≥100%，奖金=110%×比重 ≥80%，奖金=100%×比重 ≥70%，奖金=85%×比重 ≥50%，奖金=回款率×比重 <50%，奖金=0	

续表

业绩指标		KPI 数据来源	资金范围	数据 提供部门	核算原则及公式	目标设定或 KIP 定义
3	客户新开发	餐饮部	0 或 60% ~ 120%	餐饮部	达成 = 实际 + 目标 ≥60%，奖金 = 达成 × 权重 <60%，奖金 = 0（120% 封顶）	每月设定开发目标
4	餐饮批发商开发完成率	餐饮部	0 ~ 100%	餐饮部	达成 = 实际 + 目标 奖金 = 达成% × 比重	每月设定开发目标

第七部分

餐饮渠道的开发

一 餐饮渠道场合营销

在开发餐饮渠道的时候，我们需要了解消费者去餐饮门店消费的三要素：人（消费者）、货（产品）、场（餐饮门店）。不同人群在餐饮消费场合对需求的体验是不一样的，消费者在不同餐饮门店有着不同的消费需求。如图7－1所示。

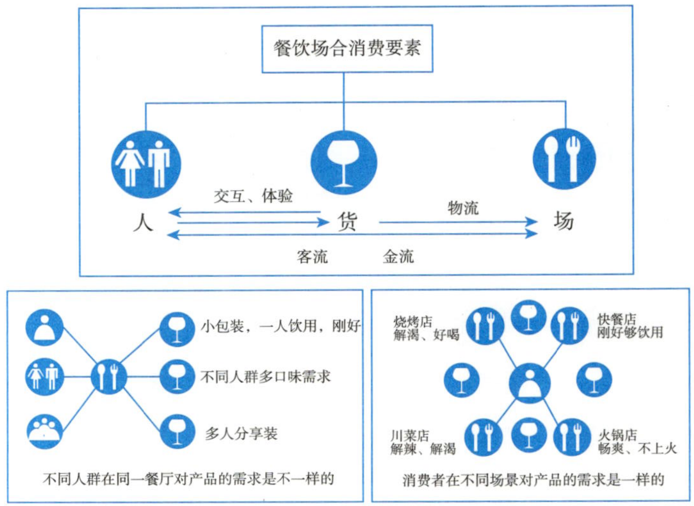

图7－1 餐饮场合消费要素

因此，我们既要了解消费者在餐饮门店对酒水饮品的需求，又要了解我们应该提供什么产品来满足不同餐饮门店的需求。这就需要对消费人次、消费场合进行深入分析，在合适的场合（Ocassion），提供适合的品牌（Brand）和包装（Package）、合理的价格（Price）、在适合的渠道（Channel）卖进。

1. OBPPC 是以消费者为中心展开的渠道开发

OBPPC 如图 7－2 所示。

就餐人次	渠道	场合	包装及价格组合	机会	POI干扰点或热点
1人	普通餐饮	快速餐饮	200ml-500ml RMB 2元-5元	·着重买得起，带动销售机会和饮用习惯，增加购买概率 ·套餐	吧台/冰柜/堆箱/桌面陈列
2~3人	普通餐饮 中档餐饮	日常就餐	200ml-500ml RMB 2元-5元 1000ml+ RMB 8元-15元	·重点是解决卖进 ·提高主要决策者在点单时的点购概率	吧台/冰柜/堆箱/桌面陈列
4~6人	中高档餐饮	社交聚会	300ml个人享用装 RMB 3-5元 1000ml+ RMB 8元-15元	·重点是铺货 ·套餐作为常规就餐的一部分	菜单/酒水单/收银台
100+人	中高档餐饮	社交聚会	1500ml+ RMB 8元-15元	·酒水联合促销 ·宴座套餐组合	菜单/酒水单/收银台

图 7－2　OBPPC 是以消费者为中心展开的渠道开发

2. 餐饮渠道的产品安排

餐饮门店因经营方式迥异，而就餐人群不同，对产品的需要也不一样，产品既要营养健康，口味、包装、规格、定价又要满足不同餐饮门店消费者的需求。我们先来看消费者在餐饮门店对饮料的选择：

2.1 消费者就餐时最喜欢选择的饮料

消费者在选择饮料时以健康的果汁、茶饮料为主，为品牌企业在该渠道的开发和营销提供借鉴。如图 7 – 3 所示。

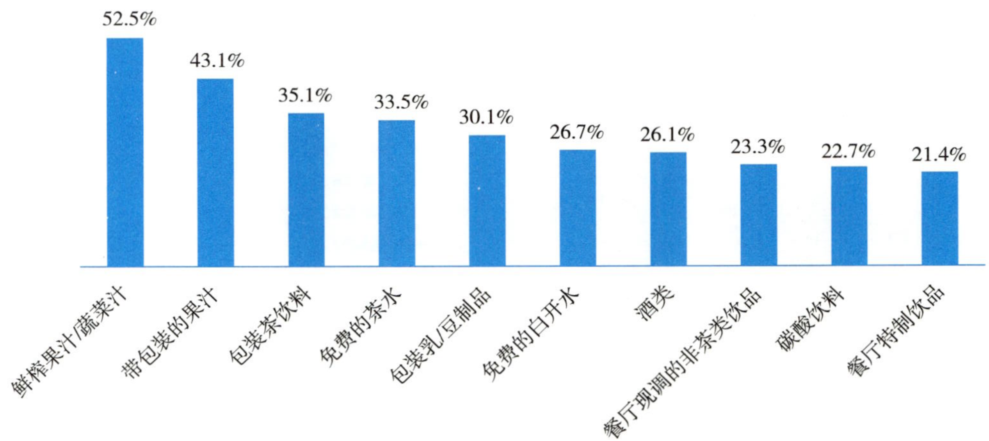

图 7 – 3 消费者就餐时最喜欢选择的饮料

数据来源：餐饮界。

2.2 消费者就餐时选择饮料的 14 大因素

选择饮料的前五大因素是好喝、健康、品牌、功能性、与菜品匹配，如图 7 – 4 所示。

(1）普通餐饮。

普通餐饮，人均消费 20 元左右，酒水饮料消费约占 20%。消费者在就餐时，愿意为酒水饮料支出的消费金额为 3 ~ 5 元。如图 7 – 5 所示。

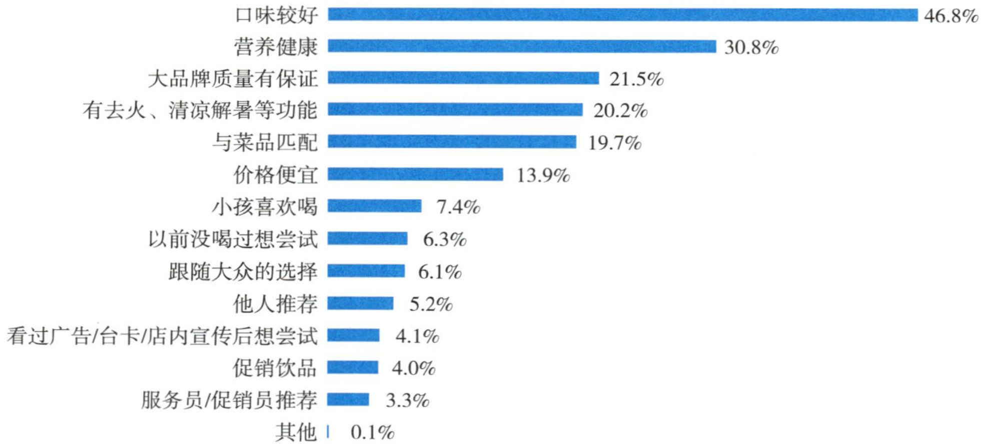

图 7 – 4　消费者就餐时选择饮料的 14 大因素

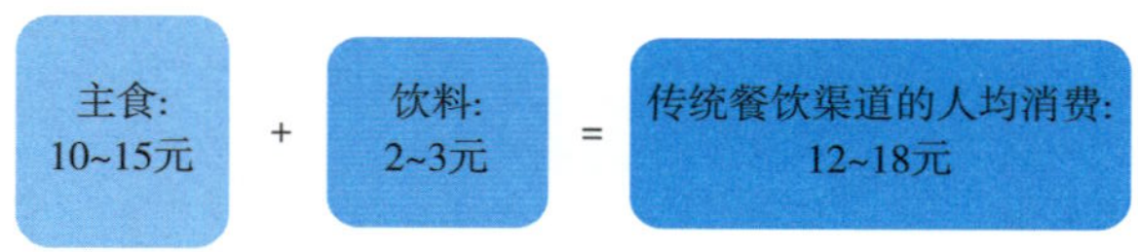

图 7 – 5　普通餐饮人均消费

以可口可乐玻璃瓶在普通餐饮售卖为例，如图 7 – 6 所示。

- 价格便宜实惠（RMB：2 元）。
- 恰到好处的容量，一次能喝完，不会浪费（200ml）。
- 给消费者带来一如既往的畅爽感觉。

所以，玻璃瓶是最适合普通餐饮渠道售卖的产品。

普通餐饮零售价在 3 元左右的可口可乐产品，如图 7 – 7 所示。

玻璃瓶——普通餐饮渠道消费者的选择

图 7 – 6 可口可乐玻璃瓶

玻璃瓶	零售价 2 元	毛利率约 50% ✔
300ml	零售价 2 元	毛利率约 27%
300ml 易拉罐	零售价 3 元	毛利率约 20%
500/600ml	零售价 3 元	毛利率约 25%

图 7 – 7 普通餐饮零售价

在普通餐饮零售价 3 元左右的产品中，玻璃瓶是对客户毛利率最大的产品，因此玻璃瓶是传统餐饮渠道客户最佳的选择。

在没有玻璃瓶包装的市场上，PET300/500/600ml 替代玻璃瓶。

因此，在普通餐饮适合售卖的塑箱啤酒、玻璃瓶豆奶、玻璃瓶汽水、即饮包装饮料等产品，须符合以下三个方面要求：

- 价格：3 ~ 5 元（不贵）。

- 规格：200～500ml（即饮，不浪费）。
- 美食搭配：与菜品匹配。

（2）中高档餐饮。

在中高档餐饮多人就餐模式下，有对酒精敏感的人群（开车、女性、小孩、老人等人群），既要独立小包装产品予以满足单人需求，又要有多人分享装的产品共同体验。小包装的产品以即饮包装为主，分享装的产品容量一般为1～2L，其价值链如图7－8所示。

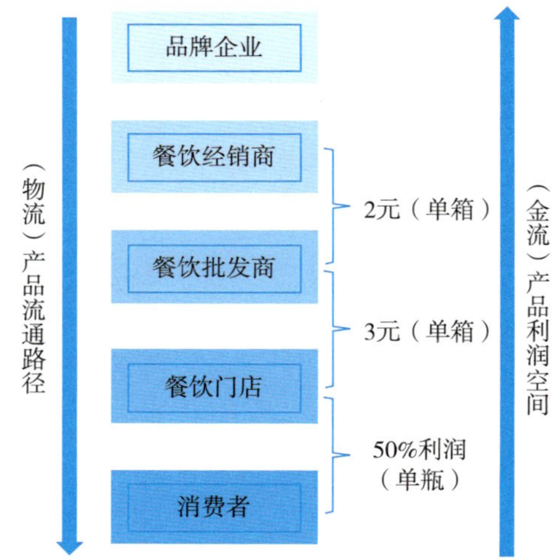

图7－8　中高档餐饮价值链

相对于普通餐饮，中高档餐饮消费饮品时，消费者对价格的敏感度较低。消费者在餐厅消费时可接受该容量的汽水、果汁、豆奶、凉茶、椰汁等产品，饮品售价为10～45元，规格在6瓶装到15瓶装之间。假设A产品价格为X，规格为1×Y，可得到如下

$$\begin{cases}10 \leqslant 2(X+5)/Y \leqslant 45 \\ 6 \leqslant Y \leqslant 15\end{cases}$$

则A产品的定价范围为$25 \leqslant x \leqslant 332.5$。

为了快速使A产品进入市场，到达消费者手上，除了快速打通餐饮流通环节，还要缩短各流通环节；让各流通环节有足够的利润，积极推动产品进入餐饮门店；还要保证餐饮门店有足够的利润，主动向消费者推介。同时该产品价格又是在消费者可承受的范围内，物超所值，消费者愿意为产品买单，从而获得良好的进餐体验。

品牌企业在餐饮渠道竞争激烈，要尽可能缩短流通环节，避免因通路层级设置过多而稀释通路利润，保证餐饮门店有足够的利润。同时，可以应对竞争对手的挑战，给予餐饮门店一定的投资力度，提高通路门槛，建立通路壁垒。

二 如何做好套餐组合

在解决产品卖进后，消费者在店内消费，从选择、决策、消费到支付等，可能都没有离开就餐的桌子，通过菜单、点餐软件等获取产品信息。假设没有服务员推荐，消费者很难触达产品。因此，如何激发消费者点购产品，套餐组合也许是能增进消费者点购的最好方式之一。在做套餐前，先了解消费者行为和消费者画像，有助于我们更好地优化套餐组合。消费者去餐厅就餐目的明确，如图 7－9 所示。

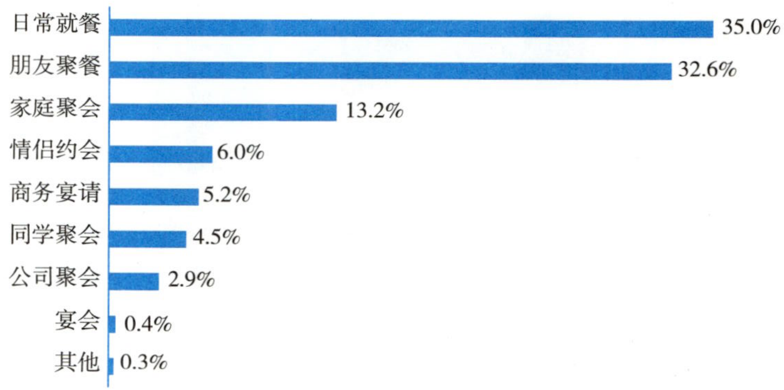

图 7－9 消费者就餐目的明确

消费者外出就餐，根据消费目的不同，选择不同类型的餐饮，如图 7－10 所示。

酒水饮品作为在餐饮门店提供消费者服务的产品，或者满足现场氛围需要，或者与重油、重盐、重口味、麻辣等菜品结合解渴、去油腻，或者与菜品制作工艺——炒、烧、煎、炸、烤等火攻手段制成的菜品结合，来精准搭配套餐、提升销量。

套餐组合对消费者、餐饮门店、品牌企业的好处如图 7－11 所示。

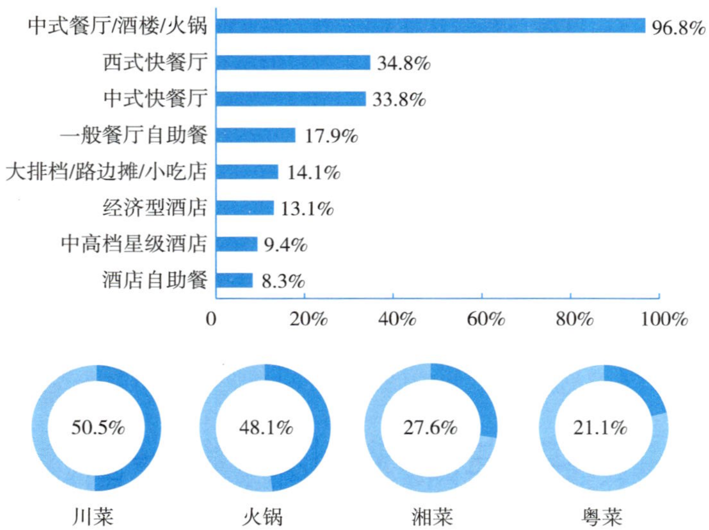

图 7－10　根据消费目的选择不同类型的餐饮

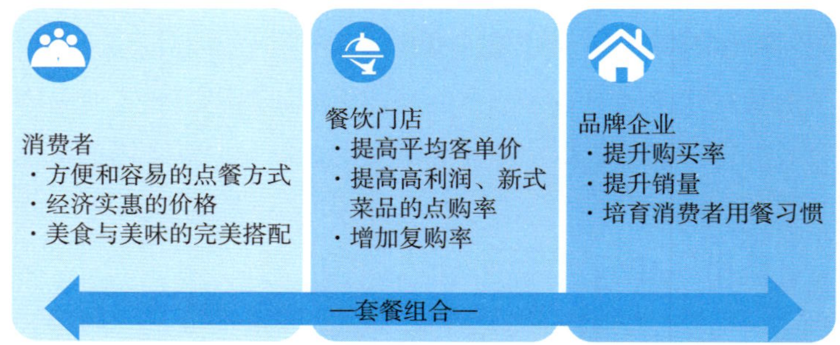

图 7－11　套餐组合对消费者、餐饮门店、品牌企业的好处

1. 普通餐饮的套餐搭配

以可口可乐在普通餐饮销售的 RB（Returnable Bottle 玻璃瓶）为例，套餐分为无折扣和有折扣两种，如图 7－12 所示。

图 7－12　可口可乐在普通餐饮销售的 RB

为什么要做玻璃瓶套餐活动？如图 7－13 所示。

玻璃瓶套餐活动三要素如图 7－14 所示。

在普通餐饮渠道，可口可乐适合搭配 3 种食物：油腻的食物、味辣的食物和干的食物，如图 7－15 所示。

图 7－13　为什么要做玻璃瓶套餐活动

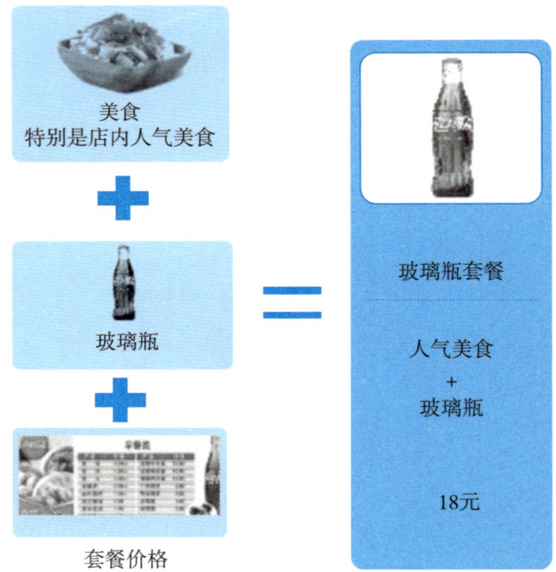

图 7－14　玻璃瓶套餐活动三要素

2. 中高档餐饮的套餐搭配

在中高档餐饮，酒水饮品在餐饮门店卖进只是第一步，如何提升产品销售，仅从服务员介绍、菜单选择是不够的，需要对餐厅的口味、菜系、菜品制作工艺精准把握。同时，对餐厅菜品的利润分析、新菜品推广计划、点购频次、增加客单价、吸引客流、点评等形式，以套餐的形式，拉动产品销售，增加品牌与餐饮门店的黏性，增加消费者与餐饮门店的黏性。品牌企业的销售增长能力取决于为餐饮客户创造价值的能力，与客户合作，找到自身目标、能力和客户具体需求与计划的结合点，在餐饮门店创造具有影响力的合作项目，合作创造价值。

（1）通过餐厅经营菜系的口味分析，探寻酒水饮品销售的结合点，如表 7－1 所示。

这些菜品也是我们通常所说的下饭菜或下酒菜，对酒水饮品的需求较大：

重油：与茶系列饮品结合，去油腻。

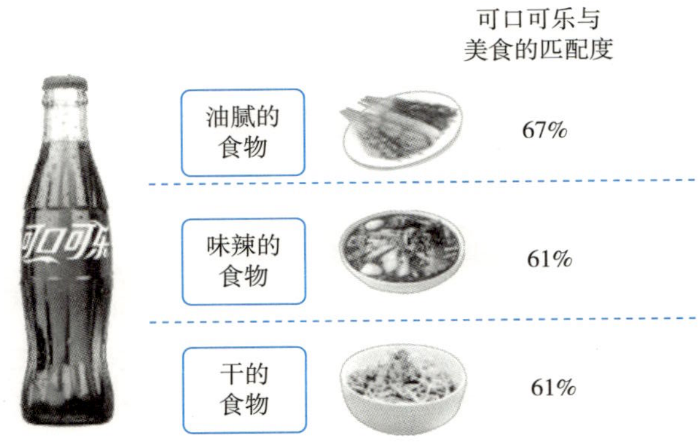

图 7－15　普通餐饮渠道可口可乐适合搭配 3 种食物

表 7－1　口味分析与酒水饮品销售的结合点

口味	菜系	制作工艺
重油	川菜、徽菜、湘菜	炒、烧、煎、炸、烤、爆、熘、煸
重盐	川菜、徽菜、湘菜、鲁菜	
重辣	川菜、湘菜	
重色	鲁菜	

重盐：与果汁类、植物蛋白类饮品结合，解渴又健康。

重辣：与汽水类、凉茶类、茶类饮品搭配，畅爽淋漓、不上火。

重色：与果汁类、植物蛋白类饮品结合，营养又健康。

根据不同口味的菜品，以餐饮客户为导向，认真倾听客户需求，挖掘客户目的，为餐饮客户提供有价值的套餐搭配建议，制定2～3个套餐搭配方案，供客户选择。以周或月为销售取值范围，总结套餐搭配前后该菜品销售同比和环比的数据，以及消费者的满意度调查数据结果，总结套餐搭配给客户带来的价值，以生意的角度切入，而不是单纯的销售产品。客户的满意度会随之提升，积极性也随之提高，销量自然增长。

（2）提高餐厅高利润菜品点购率。

当我们在经营的层面与客户建立信任，显示出对客户的兴趣与关注，我们对餐饮客户了解得越多，为客户创造的价值就越多。选择1～2个利润较高的菜品，与客户达成一致的促销时间段、套餐建议的品项，设计出合理的套餐搭配方式。

图7－16　天辣辣子鸡

如图7－16所示，天辣辣子鸡68元，成本40元（食材、人工、房租、水电等），毛利润：68－40＝28元。

套餐搭配计划：

目的：增加高利润菜品的点购频次，提高餐厅利润。

活动方式：凡点购天辣辣子鸡送1听CAN310ml凉茶。

时间：2018年1月6日－21日。

利润分析：

消费者去餐厅就餐人数3人以上，当点购天辣辣子鸡送1听凉茶后，可能带动另外2人点购凉茶。则餐厅的利润为：凉茶成本3元，售价5元，利润为2元，2人点购，利润：2×2=4元；餐厅利润：（28－3）＋2×2=29元。

该高利润菜品的套餐搭配方式，提高了高利润产品的点购率，同时也提高了品牌企业的产品销量，消费者也得到了实惠。

（3）加快新菜品推出，增加消费者复点率。

消费者口味变化越来越快，餐饮门店菜单通常半年更新一次菜品。餐饮门店的菜单除了保留一部分特色菜品外，还会推出一些新的菜品。一方面，要留住经常光顾的顾客；另一方面，要吸引一部分新的消费者，保持自己的特色。

新菜品的推出，餐饮门店经常会选择打折的方式，这样势必会牺牲餐饮门店的部分利润，无折扣可能会降低新菜品的点购率。因此，新菜品通过套餐的形式推出，增加消费者点购和品尝的机会，加快消费者对新菜品的认可。

图7－17　古炉鲜香菌汤鸳鸯锅

如图7－17所示，假设某餐厅新推出古炉鲜香菌汤鸳鸯锅68元，成本30元（食材、人工、房租、水电等），毛利润：68－30=38元。

新推出期间8折，则利润为：68×0.8（八折）－30（成本）=24.4元。

套餐搭配：凡点购古炉鲜香菌汤鸳鸯锅送1瓶1.25L汽水。

1.25L汽水成本每瓶4.5元，则古炉鲜香菌汤鸳鸯锅的利润为：68－30－4.5=33.5元，高于8折推出新锅底利润：33.5－24.4=9.1元。

同时，1.25L 汽水也是消费者需要的产品，刚好满足 3 人以上的消费者需求，餐饮门店也没有因为无折扣而影响消费者点购新锅底的机会。相反因套餐的推出，增加了新锅底的点购，餐厅的利润比推出折扣的锅底利润还高。

（4）增加高频次菜品点购，提高后厨用工效率。

在餐饮消费的高峰期，餐饮门店排队等位非常多，为了提高翻台率、留住消费者，必须提高后厨菜品的出菜速度。很多餐饮企业纷纷建立中央厨房，高频次点购菜品以半成品的形式提供给每个餐饮门店，以满足快速出菜要求，提高后厨用工效率。我们来看一组关于消费者在门店等位时间的需求，如图 7－18 所示。

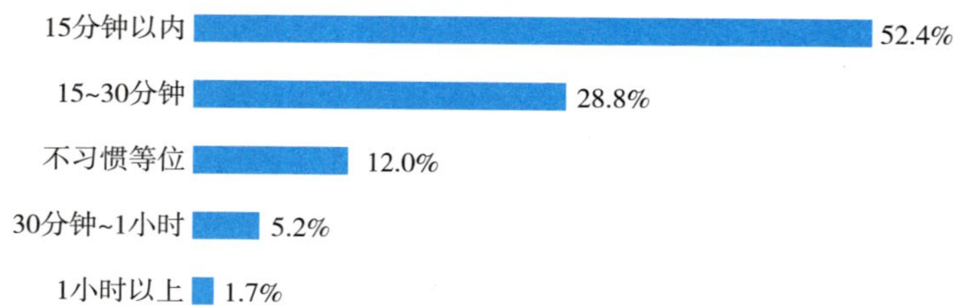

图 7－18　消费者在门店等位时间的需求

数据来源：中国烹饪协会。

有一半的消费者排队等位的时间在 15 分钟以内可以接受，超过 15 分钟，消费者可能流失转到其他餐饮门店消费。接近 90% 的消费者在餐饮门店消费时，菜品上齐需在 30 分钟内。因此，在餐饮消费高峰期，加快后厨菜品出菜速度非常重要，而负责前厅的点菜时的菜品引导非常关键。

以套餐的形式引导消费者点购高频次菜品。如凡点购外婆红烧肉，送 1 听 CAN330ml 汽水（成本每听 1.9 元），加快消费者点餐速度，同时加快后厨的出菜速度，让餐厅运营效率整体提升，提高翻台率。

（5）提高客单价，提高餐厅单位面积运营效率。

餐饮门店的每天营业时间是固定的，台位数是固定的，为消费者提供服务的服务员也是固定的，各餐饮门店都将提高餐饮门店营业额作为餐饮生意经营的一个很重要的考核指标。除了增加客流、提高翻台率外，在有限的服务时间内，单位面积的产出坪效对餐饮门店非常重要。提高客单价是餐饮门店的一个重要措施，当然提高客单价是在不浪费的前提下。在与客户合作的过程中，了解客户的这种需求，发掘目前现状与期望状态中的差距，然后提供满足这些需求的解决方案。独特业务驱动因素内的差距越大，客户采取行动的可能性越大。

例：某餐厅是位于大型购物中心的一家本地特色菜，营业时间从早上 11 点到晚上 10 点，现在的客单价 135 元，台位数为 50 张，经营中餐和晚餐，中餐不翻台，刚好坐满，晚上翻一次台。通过与餐饮门店相关负责人沟通，了解客户需求，提高营业额、坪效。

套餐搭配：凡进店消费 168 元，送 1 瓶 1. 25L 果汁。

套餐结合前：每天营业额：135 ×（50 + 50 × 2）= 20250 元。

单张台位坪效：20250/50 = 405 元。

套餐结合后：每天营业额：168 ×（50 + 50 × 2）= 25200 元。

单张台位坪效：25200/50 = 504 元。

1. 25L 果汁送出成本（每瓶 6. 25 元）：6. 25 ×（50 + 50 × 2）= 937. 5 元。

餐厅每天额外付出 937. 5 元的成本，换来营业额增加：25200 − 20250 = 4950 元，成本率 19%。坪效提升率：（504 −

405）/405 = 24%。

三　怎样开发普通餐饮渠道

普通餐饮开发应由线到面，连成一片。先集中开发餐饮集中的区域，餐饮一条街、学校周边一条街、工业区餐饮一条街、Shopping Mall 一条街，人群较为集中的区域，集中人力，先进行点的突破，开发一个、成活一个。餐饮街的开发既可以满足普通餐饮业代拜访效益，又可以提升普通餐饮服务的需求——高频次订货需求，还可以集中投入资源打造餐饮一条街。餐饮街成功开发后，再由线到面逐步辐射周边区域，影响其他餐饮门店，带动整体开发，连成一片。

1. 普通餐饮开发

- 寻找服务餐饮一条街的 RTM 餐饮批发商。
- 餐饮街盘点表，制定开发计划。
- 普通餐饮开发如表 7－2 所示。

表 7－2　普通餐饮开发

机会点	客户需求	开发攻略
• 竞品 VIP/模范店 • 未售卖的餐饮店 • 有售卖顾虑的店	• 利润 • 销售给谁 • 投入最小化 • 吸引人流量 • 提高客单价	• 了解信息、菜品定位（当地菜系/火锅、麻辣烫）、消费人群、周围竞争情况、店面规模（餐台、包间数） • 送货时间段、货款结算方式 • 酒水供应商的选择方式 • 客户对服务的特别关注

- 制定餐饮街打造标准
- 落实责任人，开发时间节点控制。
- 生动化物资的投放。
- 总结、评估与复制。

2. 普通餐饮铺货/陈列方案

为了强化与餐饮门店的合作，锁定餐饮门店的销售和 SKU 铺货，通过铺套餐或拼箱服务来增加店内 SKU 售卖；通过堆箱陈列、吧台陈列、桌面陈列等增加店内销售热点，提醒消费者店内提供丰富多元的产品服务；通过自有冰柜投放或承租非自有冰柜，提高冰冻产品的销售。

2.1 铺货套餐或拼箱服务

普通餐饮进货量少，进货频次高，为了提高经销商服务餐饮的效率，在开发普通餐饮时尽可能铺进更多品项。一方面，下次补货时有更多的选择机会，提高单次送货量；另一方面，提高餐饮门店进货壁垒，让其他品牌企业因为送货门槛高，无机可乘。所以在普通餐饮开发时设定 SKU 铺货套餐或拼箱服务非常重要。

2.2 推动堆箱陈列、吧台陈列、桌面陈列

在普通餐饮，酒水饮品只是普通餐饮服务的一种形式。如何让消费者快速看得到、买得到、买得起，就要在餐饮门店进行热点或干扰点（POI）的多点陈列。

2.3 投放自有冰柜或租非自有冰柜层数锁定店内 SKU 销售

3. 普通餐饮的冲击与活跃

对普通餐饮的定期冲击是建立普通餐饮日常服务机制和保持持续活跃度的动力，如表 7－3 所示。

表 7－3　普通餐饮的冲击与活跃

冲击步骤	行动方案
餐饮街选择与冲击区域设定	－盘点每个城市餐饮一条街数量 －匹配普通餐饮分销商覆盖餐饮一条街数量 －依托普通餐饮分销商区域制定餐饮一条街冲击计划 －设定每条街活跃客户数、单点销量目标
餐饮街冲击准备	－冲击产品 －冲击物资 －客户联络卡
建立模范街 持续售点活跃	－建立模范街 －形成普通餐饮定期车销服务模式 －生动化物资在售点的投放

四　怎样开发中高档餐饮渠道

中高档餐饮开发则是由点到线。当地最有影响力、连锁的餐饮客户的经营动向，一般是行业发展的风向标，对这些客户的优先集中开发具有指向性的作用，从而影响其他门店的开发，带动开发边际效应，由点到线，再到整体开发。

1. 发现机会点

在初次拜访中高档餐饮门店时，要获取餐饮门店的综合信息。因为是为了快速找到关键人，结合店内环境，挖掘客户目的、关注领域，从而发现符合客户的思维模式，这样方便进行较好的沟通。

1.1 一看。

门头：看门头了解客户信息，通过客户清单搜索信息，网上搜索该客户是否为连锁客户及其总部信息。

菜单：经营类别（中餐、西餐、菜系、火锅）、菜品价格、人均消费价格、酒水饮料品类及价格、是否有本品销售。

面积、台位数：餐饮门店经营的面积和台位数、包房数，是否提供大型停车场。

餐饮的生意状况：餐饮营业的高峰期，店内上座率，店外是否有排队等候，排队等位提供哪些服务（是否提供免费的茶水、饮品服务，或延误提供菜品有折扣等，看未来合作机会点）。

1.2 二探。

向服务员、吧台人员了解该店是否为连锁餐饮，总部在哪里；是独立采购还是总部统采；是直营店还是加盟店，是否具备独立采购的能力，酒水饮品配送的经销商是谁，酒水饮料配送的频次和每次的配送量，了解酒水饮料在该店的销售状况；了解采购的关键人、联系方式、工作时间等。

1.3 三约。

现场了解到关键人信息后，立即与关键人接洽或预约沟通时间。

在确认该店相关酒水饮品由某一个或两个餐饮经销商配送信息后，立即预约时间，看是否有合作机会。

1.4 四馈。

晚上返回办公室后立即给主任反馈当天拜访客户的重要信息，主任做好客户跟进计划或协助做谈判计划。若是总部在本大区区域，立即反馈餐饮经理或办事处经理，由餐饮经理进行统筹开发计划，明确责任人；若是总部在非大区区域，餐饮经理应协调总部重点客户经理，由总部重点客户经理做好协调开发工作，形成联动开发，稳步推进。

1.5　五记。

要留下首次拜访的客户信息，应做好客户拜访记录表，以利后期跟进，便于确定下次跟进时的拜访时间、工具准备、资料准备。

《客户拜访记录卡》如表 7－4 所示。

表 7－4　《客户拜访记录卡》

客户拜访记录卡

①客户概述

简单介绍餐饮门店信息，地理位置、主要门店分布、是否为连锁、总仓配送还是单店配送、供应商服务、经营菜品、经营面积、台位数、人均消费价格、生意状况、酒水饮品提供情况等

②决策者信息

负责人或合伙人状况、采购谁负责、联系方式、工作时间、财务对接账时间及负责人是谁、谁负责日常进货及进货频次。甚至对关键人的兴趣、爱好、经历和背景进行掌握

③销售状况

酒水饮品的销售状况

④客户的营销协议

是否有签订合作协议？协议内容是什么？

⑤客户对我们的看法

公司品牌优势强、产品健康、品类丰富、促销手段多，希望能为餐饮门店生意助力

⑥主要问题点

现在已有固定的酒水供应商、服务不及时、酒水单刚换，半年内无调整酒水单计划

⑦拜访日志

时间	讨论主题	行动计划
1月5日	讨论合作事宜	递交合作方案
1月9日	递交合作方案	价格太高、供应商服务提出异议

2. 初次拜访

拜访前：资料准备和时间预约。

对餐饮企业相关信息全面搜集，如门店分布情况、各门店生意、酒水供应合作情况、信誉情况等。根据餐饮企业价值观和双方合作机会点，为客户量身定做《客户合作计划书》，准备《产品手册》《成功合作案例》等。

《客户合作计划书》如图 7－19 所示。

提前电话沟通确认拜访时间，了解对方参与沟通人员、职位、人次、沟通地点，提前十分钟到达拜访地点。

沟通中：了解客户需求，寻找合作机会点，如图 7－20 所示。

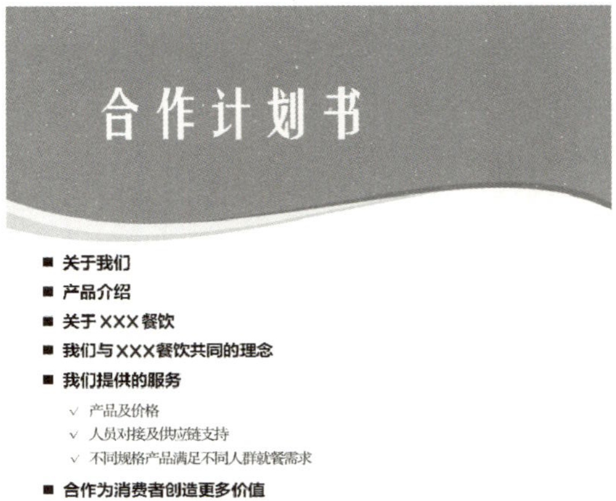

图 7－19　《客户合作计划书》

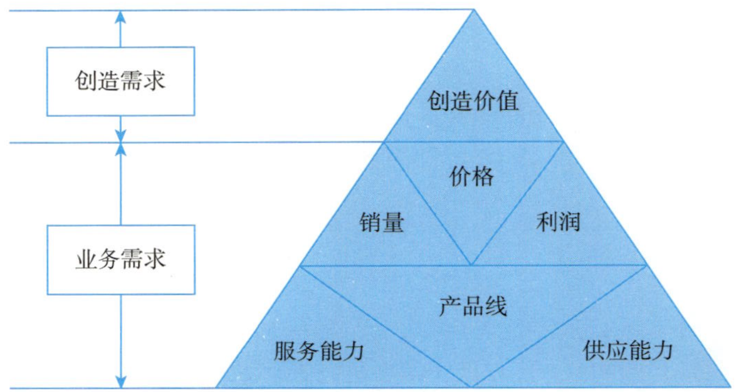

图 7－20　了解客户需求

询问：根据现在酒水饮品的月度销售情况，供货商的服务配送情况，餐饮的经营模式、人均消费、客流量等信息来评估餐饮客户的当前财务表现，量化客户目标，拿出我们的解决方案和其他酒水饮品利益和价值做比较，量化我们的解决方案。

关键信息的了解：这些信息的了解都是为了匹配未来业务的顺利开展。

货款结算方式：对结账时间、线上还是线下对结账。

送货要求：送货地址、送货时间，各分店分别送货还是送至中央厨房或总仓。

收货人：收货人信息及收货资格确认章。

开发餐饮渠道，餐饮企业决策者和关键人，如表 7－5 所示。

表 7－5　餐饮企业决策者和关键人

人员	职位	职责	特级餐饮店、全国连锁、区域连锁餐饮	特色餐饮、中档餐饮	普通餐饮
经营管理层	总经理	对经营/管理负责，商品采购管理规矩制定者	董事会直接委派，很少过问采购，制定标准	采购最终审核或参与谈判	老板亲自担任
	副总经理	负责日常运营管理、商品采购管理			
	采购总监	商品采购管理者、谈判者	商品采购谈判者、终审者		
	财务总监	货款结算的核算者	货款结算终审者		
	行政总厨	对后厨运营管理负责、菜品标准制定者、后厨产品需求者	对后厨使用产品有决定权		

续表

人员	职位	职责	特级餐饮店、全国连锁、区域连锁餐饮	特色餐饮、中档餐饮	普通餐饮
管理部门（采购、财务、后厨、仓库）	采购经理	负责日常进货需求，参与产品进场谈判	餐饮谈判的主要对象，前厅和后厨产品的主要决策者		老板亲自担任
	财务经理	货款的对账、结算	回收货款的主要对象，处理好货款回款率，则要处理好与财务的关系		
	厨师长	管理后厨运营、菜品的出品	对后厨产品的使用有决定权		
	库管/仓保	仓库的库存盘点、货品日期、订单生产	订单获取、挤占库存、销售状况信息了解、减少破损		
经营执行层	大堂经理	前厅服务的最高管理者，对店面日常运营负责	对酒水饮品店内销售有决定作用，一切活动在店内执行的执行者		老板或老板亲属担任
	主管/领班	服务员的直接管理者	主管或领班通过日常对服务员的管理，影响产品店内销售		
前厅人员	吧台	收银、酒水饮品记账服务	吧台作为餐饮产品的展示窗口，具有产品陈列、服务员奖励监督、产品推荐等非常重要的作用，同时也决定产品展示的效果		
	服务员	点菜、收银、传菜等相关服务的集合，直接面对消费者	服务员对产品与消费者接触起着非常重要的推介作用，与服务的关系将直接影响酒水饮品的销售		

中高档餐饮客户的开发，仅通过一两次的拜访达成合作是不现实的，必须通过每次拜访减少沟通差距，扩大合作意向，才有可能满足客户需求，实现合作。因而每次拜访后回顾及计划是必不可少的。

3. 统筹开发，密切总部和大区业务的推动

随着餐饮企业的蓬勃发展，餐饮企业呈现跨区域、多品牌矩阵连锁经营发展，也给餐饮业务的发展带来新的变化。全

国、区域连锁 NKA/RKA 餐饮客户由总部重点客户经理负责开发和维护，地区连锁 LKA 餐饮客户由各区域餐饮经理负责开发和维护，总部统筹开发，各区域分工合作。

4. 制定客户开发抢夺计划、开发进度表，定期回顾

客户开发抢夺计划、开发进度表如表 7－6 所示。

表 7－6　客户开发抢夺计划、开发进度表

××大区餐饮 TOP50 强品牌客户目标提报表								
序号	大区	城市	客户名称	客户地址	关键人信息	店面规模	签约状态	合约情况
1								
2								
3								
4								
5								
6								
7								
8								
9								
10								

5. 中高档餐饮投资策略

全国、区域、当地有影响力的中高档餐饮，以策略性的投资取得合作机会，可以影响其他门店，快速达成生意上的合作。

对一些酒水饮料消费量大的单店餐饮，销售能够支撑一定的投资，则可以考虑投资，但要向餐饮门店提出一些要求（专场、陈列、消费者配合促销等），以达到合作共赢。

如果该餐饮的酒水消费量不够大，不足以支撑投资，只能通过其他利益说服对方，与品牌企业合作有更多、更长久的生意机会。通过活动案例分享，让餐饮客户了解与品牌企业合作不仅仅是产品售卖，更重要的是合作后，品牌企业通过活动的开展，有助于餐饮业绩的提升。

投资目的：

- 强化双方合作。
- 获得更多陈列面和售卖更多品项的机会。
- 提升销量。
- 提供客户附加值。

投资方式如表 7 – 7 所示。

表 7－7　投资方式

投资期限	投资方式	折让发放方式	时间性	签约要求
长期投资	一次性投资	产品折让 金额折让 价格折让 扣点折让	合约期限 折让发放时间	销量要求 陈列要求（吧台、堆箱、货架、冰柜等） 售卖品项要求 排他性要求
	年度投资			
	半年投资			
短期投资	季度投资			
	月度投资			
	活动档期			
其他投资	店庆	产品折让		
	重大节日			
	员工活动			

投资扣点如表 7－8 所示。

表 7－8　投资扣点

类别	客户等级	执行方式	策略（扣点最高额）	考核方式
全国连锁	钻石	唯一	20%	销量、陈列
区域连锁/单店	钻石	唯一	17%	销量、陈列

续表

类别	客户等级	执行方式	策略（扣点最高额）	考核方式
当地连锁/单店	金牌	唯一	15%	销量、陈列
连锁	银牌	唯一	15%	销量、陈列
大型	钻石/金	唯一	10%	销量、陈列

扣点 =（年度投资计划 + 期间活动）/年度销量

最高扣点依品牌企业利润实际要求设置，最高扣点是给业务团队在同客户谈判时针对不同类别的客户所达到的一个上限投资力度，也是前线人员谈客户时快速决策的一个重要依据，决策还需各层级相关人员审批。

6. 合作协议的关键内容

取得合作后，就要签订合作协议，理清双方权责，协议关键内容包括：

- 合作期限。
- 供货及产品验收：起订量、送货时间、送货地址、验收方式。
- 产品库存及存货管理。
- 销售产品及价格。
- 服务方式。
- 销售目标及销售折让。

- 货款结算方式。
- 生动化陈列服务和促销服务项目。
- 违约条款。
- 其他事项。

第八部分

餐饮渠道售点的生动化与成功图像

餐饮渠道售点的生动化是比较难打造的，因为每个餐饮门店都有不同的风格与个性，以满足不同消费者不同的体验。尤其是中高档餐饮，装修档次高，有自己固定的风格和统一的品牌形象，品牌企业的元素植入与餐饮门店的风格匹配比较难因此必须根据餐厅不同风格和元素，有针对性地打造，做到一店一主题，一店一打造。

一　餐饮渠道售点生动化

目标：通过有效的沟通方式，最大限度地展示品牌企业，强化消费者在餐厅的用餐体验。

策略：将每个餐厅细分为四个区域（以消费者的视角来看），然后在每个区域进行相关的生动化。

- 店外。
- 门口/大堂。
- 点餐区/就餐区。
- 服务/收银区。

1. 店外

店外生动化如表 8－1、图 8－1 所示。

2. 门口/大堂

门口/大堂生动化如表 8－2、图 8－2 所示。

3. 点餐区/就餐区

点餐区/就餐区生动化如图 8－3、表 8－3 所示。

4. 服务台/收银区

服务台/收银区生动化如图 8－4、表 8－4 所示。

表 8－1　店外生动化

描述	本区域包括顾客在接近或进入餐厅时所见到的所有区域	
目标	店外信息旨在建立知名度、吸引消费者注意及带来餐厅人流	
信息	能够带来人流的促销信息，信息须简单、直接和令人兴奋，以扩大影响	
元素	 X 展架	橱窗海报 
	推/ 拉贴纸  腰线 	
	店招/例招 	

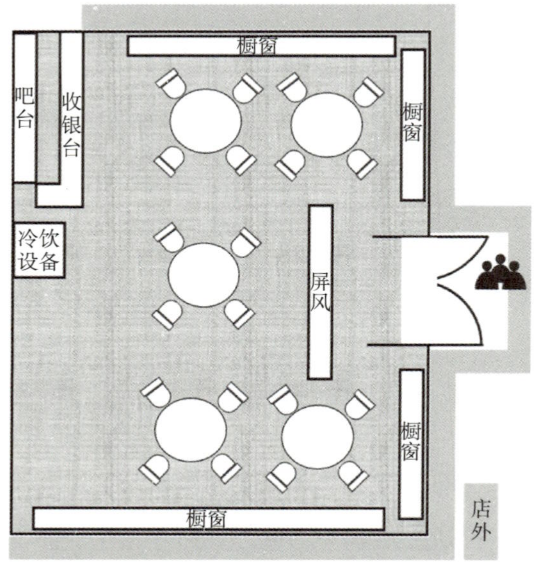

图 8－1　店外生动化

表 8－2　门口/大堂生动化

描述	本区域告知顾客如何能使他们的用餐经验变得与众不同（促销、新产品等）
目标	建立消费者对美食与美味的结合
信息	购买前：向消费者传递如何在购买时“增加价值”（特色菜、促销等） 购买后：向消费者传递此次光临将带来什么利益（下次光顾优惠、未来促销信息、新菜预告）
元素	店内看板  促销陈列  堆箱陈列 

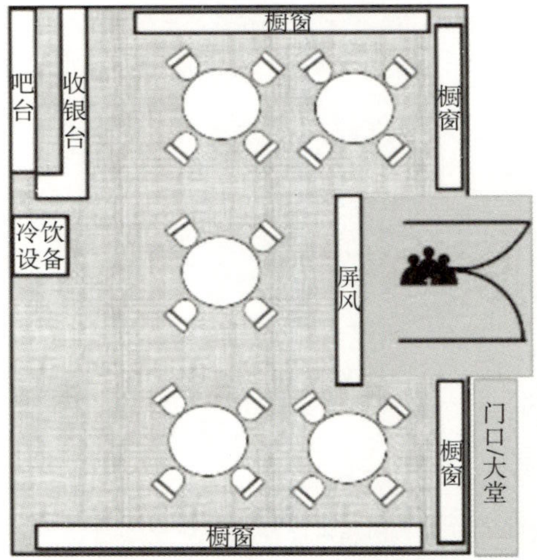

图 8－2　门口/大堂生动化

表 8－3　点餐区/就餐区生动化

描述	用餐区是顾客逗留时间最久的场所，通过座位安排、装潢和陈列传达每个餐厅的“个性”，保持少量简单的信息传递
目标	帮助顾客快速点菜，并对餐厅业主和品牌企业利益最大（如组合套餐、满额送等）
信息	重点应为食品、价格和现时促销（特价餐、套餐活动等）通过主题宣传材料，如壁挂、本地活动宣传等传达餐厅个性
元素	点菜单（包含组合套餐元素）、餐盘纸 、桌贴  台卡、摆桌  温馨提示、海报框、套餐  牙签筒、筷子筒、椅套、纸巾筒 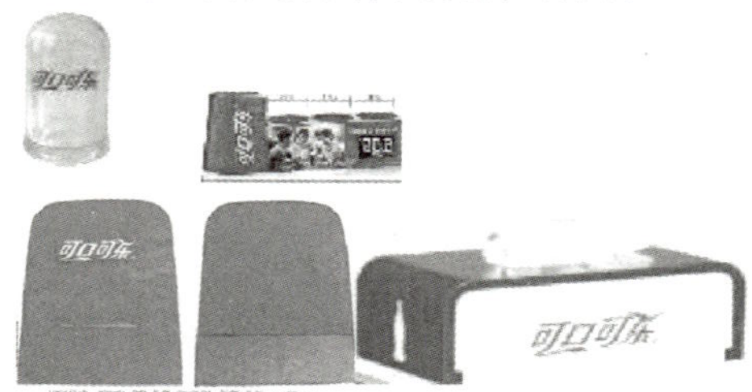

表 8－4 服务台/收银区生动化

描述	通过服务区帮助顾客更直观快捷地找到所需酒水饮品，服务区信息的告知，增加回头顾客	
目标	帮助顾客快速决策点购酒水饮品，提升餐厅利润	
信息	冷饮设备、吧台产品信息有效沟通，传达消费者快速获取产品	
元素	促销服务信息 	吧台陈列 
	冷饮设备陈列 	小货架陈列 

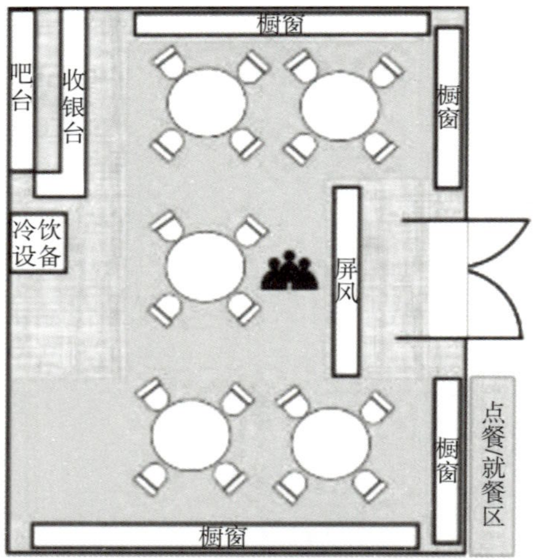

图 8－3　点餐区/就餐区生动化

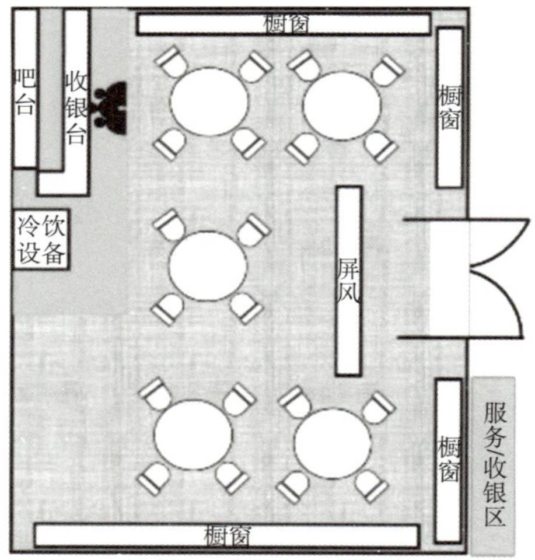

图 8－4　服务台/收银区生动化

二　餐饮渠道的成功图像

为了明确餐饮渠道操作，要打造可操作、可实践的餐饮渠道统一形象，让餐饮团队执行渠道操作有方向、有明确的指引，激励他们向更高标准执行——成功图像。

我们以可口可乐为例，餐饮渠道成功图像执行四要素如图 8－5、表 8－5 所示。

图 8－5　餐饮渠道成功图像执行四要素

表 8－5　餐饮渠道成为图像执行四要素

<table>
<tr><th colspan="3" rowspan="2">要素内容</th><th colspan="2">普通餐饮</th><th rowspan="2">中档餐饮</th></tr>
<tr><th>有玻璃瓶</th><th>无玻璃瓶</th></tr>
<tr><td rowspan="2">产品铺货</td><td rowspan="2">必备包装</td><td>普通餐饮
在没有玻璃瓶分销的城市，可以用 300ml 产品代替玻璃瓶</td><td rowspan="2"></td><td rowspan="2"></td><td rowspan="2"></td></tr>
<tr><td>中高档餐饮
可乐、雪碧 1.25L/1.5L/2L/2L＋
美汁源包括 1.25L/1.5L/1.8L 任一包装果汁</td></tr>
</table>

续表

<table>
<tr><th colspan="3" rowspan="2">要素内容</th><th colspan="2">普通餐饮</th><th rowspan="2">中档餐饮</th></tr>
<tr><th>有玻璃瓶</th><th>无玻璃瓶</th></tr>
<tr><td rowspan="5">冰柜</td><td rowspan="4">我司冰柜</td><td>1）第一位置</td><td colspan="2">Y</td><td>Y</td></tr>
<tr><td>2）未滥用</td><td colspan="2">Y</td><td>Y</td></tr>
<tr><td>3）冰柜饱满度≥75%</td><td colspan="2">Y</td><td>Y</td></tr>
<tr><td>4）通电和亮灯</td><td colspan="2">Y</td><td>Y</td></tr>
<tr><td>无我司冰柜</td><td>客户自有冰柜里至少 20% 为我司产品（不含水）</td><td colspan="2">Y</td><td>Y</td></tr>
<tr><td rowspan="4">渠道活动</td><td>生动化陈列</td><td>有任意有 KO 标识的特殊陈列道具可达标</td><td colspan="2"></td><td>Y</td></tr>
<tr><td>KO 堆箱陈列或吧台陈列</td><td>堆箱陈列需要至少可乐、雪碧、美汁源 3 个品牌不少于 3 箱
吧台陈列需要至少可乐、雪碧、美汁源三个产品不少于 6 个排面</td><td colspan="2"></td><td>Y</td></tr>
<tr><td>套餐活动</td><td>有可乐套餐价格信息及菜肴</td><td colspan="2">Y</td><td></td></tr>
<tr><td>玻璃瓶堆箱陈列（在没有玻璃瓶分销的城市，则考核吧台陈列或者生动化陈列）</td><td>玻璃瓶堆箱陈列必须 3 箱及以上，有价格沟通
吧台陈列或者生动化陈列（吧台陈列要求至少可乐、雪碧、芬达共 6 个排面）</td><td colspan="2">Y</td><td></td></tr>
<tr><td rowspan="2">价格沟通</td><td colspan="2">1）OBM（场合营销生动化物资）</td><td colspan="2">Y</td><td>Y</td></tr>
<tr><td colspan="2">2）有任一价格沟通标识</td><td colspan="2">Y</td><td>Y</td></tr>
</table>

1. 普通餐饮成功图像

普通餐饮成功图像如图 8 – 6 所示。

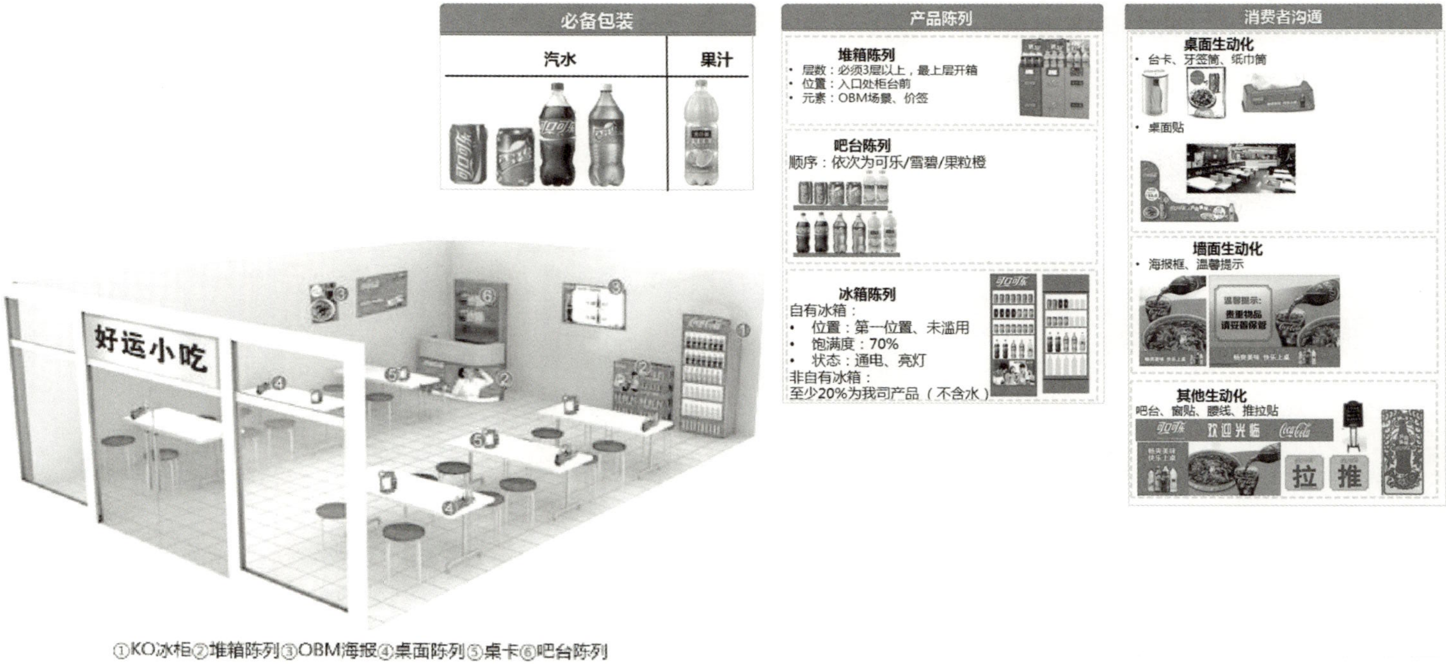

图 8 – 6　普通餐饮成功图像

2. 中高档餐饮成功图像

中高档餐饮成功图像如图 8 –7 所示。

❶KO冰柜 ❷海报框 ❸台卡

图 8 –7　中高档餐饮成功图像

举例：店内打造。

普通餐饮店内打造如图 8 –8 所示。

中高档餐饮店内打造如图 8 –9、图 8 –10 所示。

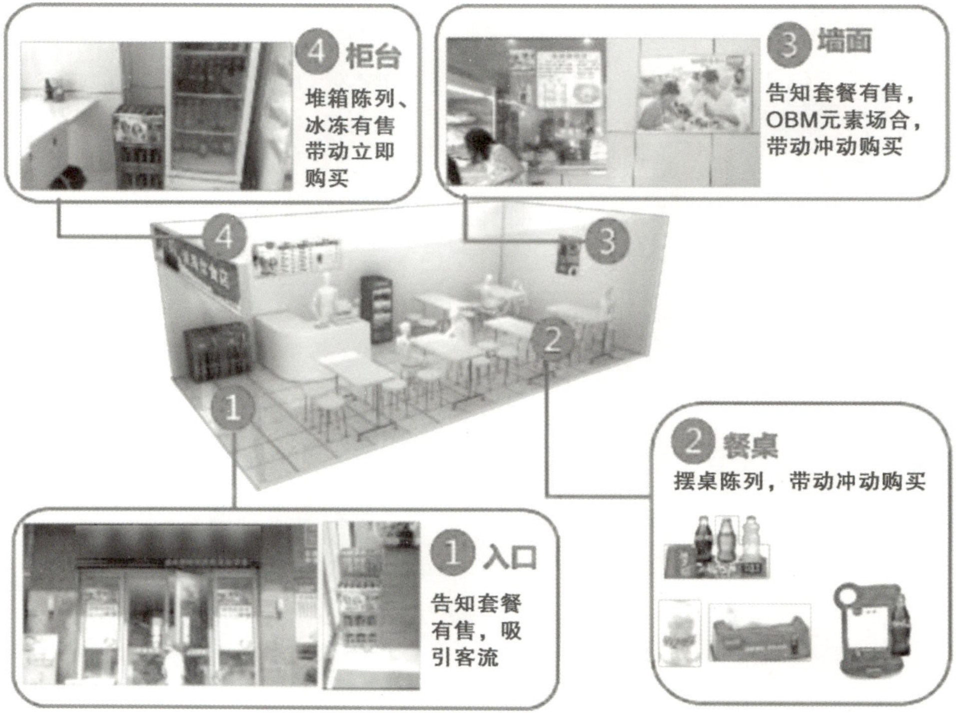

图 8－8　普通餐饮店内打造

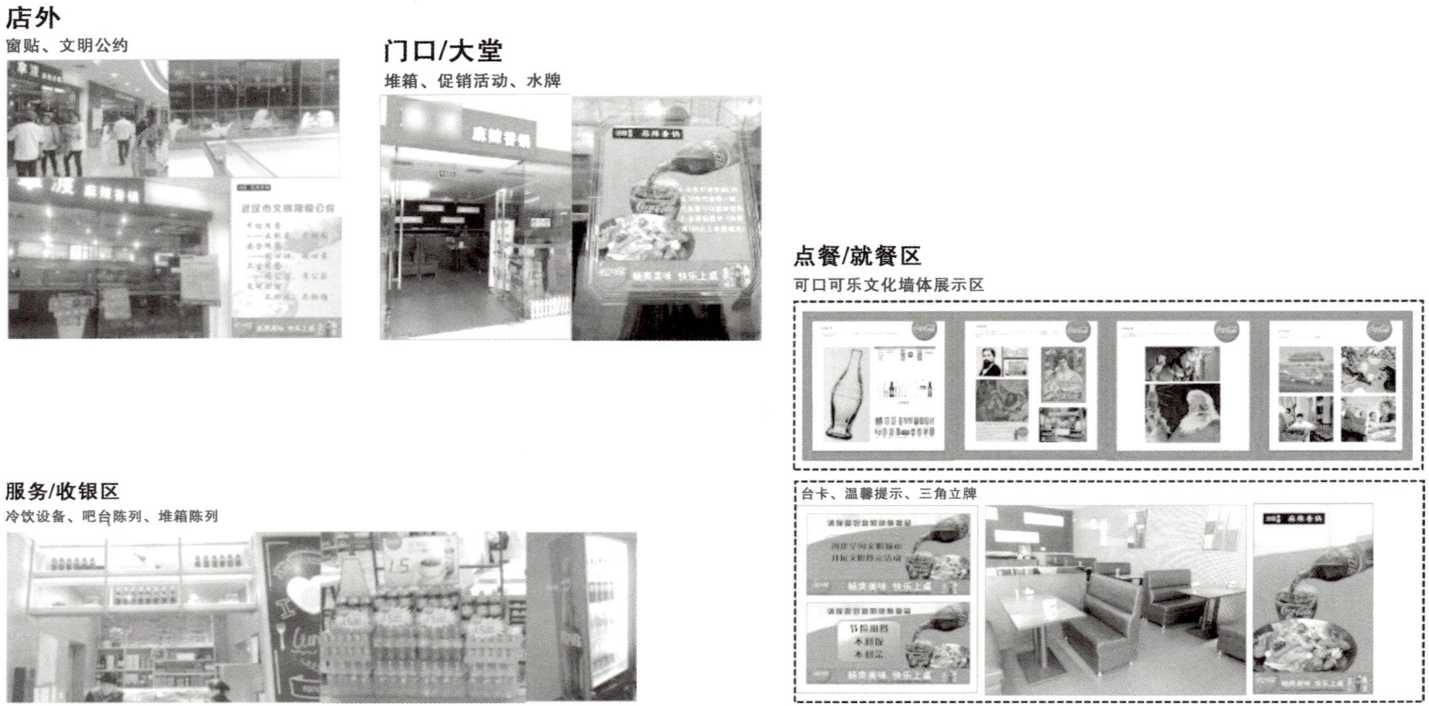

图 8－9　麻辣香锅店内打造

店外

窗贴、腰线、推拉贴

门口/大堂

堆箱、促销活动

点餐/就餐区

桌贴、菜牌、温馨提示、台卡

服务/收银区

冷饮设备、吧台陈列、冰箱OBM元素制作

图 8－10　火锅店内打造

第九部分

餐饮街和商圈的打造

一　餐饮街开发

1. 餐饮街定义

处于城市核心地带、交通便利、人群密集，位于商业区、工业区、学校或住宅区附近的餐饮集中地带，有 20 ~ 30 家以普通餐饮为主的餐饮门店，以简餐、快餐、风味小吃为主，服务简单，方便快捷，物美价廉。

2. 集中开发餐饮街的重要性

开发餐饮街的重要性如图 9 – 1 所示。

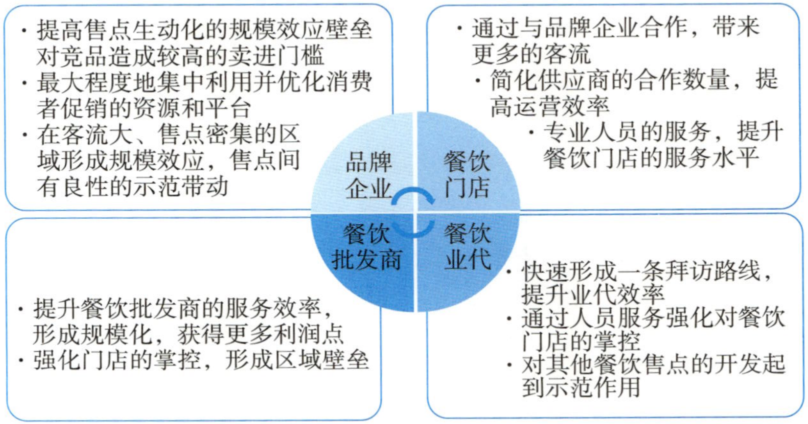

图 9 – 1　开发餐饮街的重要性

3. 餐饮街开发成功的关键

一条餐饮街成功开发后可持续发展的基石是我们的服务模式和专业餐饮人员提供的服务。不能为了餐饮街的售点开发而开发，即使通过冲击，短期内获得了开发和活跃，一旦服务不能有效跟进，也很难持久发展，如图9－2所示。

图9－2 餐饮街开发成功的关键

4. 餐饮街开发步骤

第1步：建立餐饮街服务模式。

- 根据《餐饮售点盘点调查表》，确立餐饮街优先开发重点，选择餐饮街影响力大、辐射力强、餐饮客户数多、有一定餐饮客户开发基础的店作为优先开发重点。
- 通过《餐饮售点盘点调查表》信息，了解各类型批发商对餐饮一条街的覆盖情况，再进行遴选，选择覆盖面广、产品品类全、车销能力强、餐饮客户拓展能力强、合作意愿强的餐饮批发商作为候选餐饮批发商。
- 餐饮批发商合作洽谈、开户、协议签署、首批进货。

第2步：人员服务跟进。

- 餐饮业代服务线路调整。
- 对接餐饮批发商，信息共享，共同开发餐饮客户。

第3步：选点突破——建成明星售点。

- 在符合条件的餐饮街区，选准两三家有代表性的售点作为突破口。通常是已有产品卖进（若尚未卖进产品则先进行客户开发）、生意好、位置佳、客流大、口碑好、对餐饮街有影响力的门店。
- 合作后进一步实现店内生动化完美执行，如有必要、有费用，可以考虑店招或其他店外生动化的投资，以强化客情关系，并确保套餐的卖进和激活，建成明星售点，影响其他门店。

第 4 步：由点及面——带动街区整体激活。

- 充分利用明星售点的成功故事和示范作用，带动整条餐饮街区的售卖和激活。把握客户“攀比”和从众心理，隔壁左右已售卖了，又结合菜品做了套餐，聚焦未售卖门店开发，确保整体推进。
- 与餐饮批发商密切配合，提供灵活的车销、一站式酒水服务，共同打通未售卖客户。
- 业代在激活整片街区的时候，也利用自身对客户群体的熟悉和了解，尽量避免选择个别生意不稳定、老板口碑欠佳的客户。

第 5 步：全面开花——街区持续发展。

- 提升单店 VPO 及客户建议售卖意识。

－奖励服务员。

－制订客户忠诚度计划，如合约店的签订。

- 提升人气并培养消费者对产品的饮用习惯。

－消费者赠饮活动。

－街区促销活动，买赠活动等。

5. 案例：加州阳光美食街的打造

美食街介绍：位于武汉高新技术开发区的武汉光谷步行街，是集消费、餐饮娱乐、旅游观光、休闲健身、商业办公、酒店居住于一体的、多功能、全业态、复合型超级商业步行街。该商圈辐射周边高校大学生年轻消费群体和光谷高新技术开发区白领。

现状分析：美食街普通餐饮近 60 家，主要经营快餐、小炒、粉、面、粥等。因步行街交通管制限制，现有的餐饮批发商不愿意送货，服务的客户数不到 10 家，并且有逐步减少的趋势。竞品和其他类似的玻璃瓶奶制品销售良好。

开发步骤：

（1）RTM 模式建立。

- 评估现在合作的餐饮批发商，合作意愿低，决定重新寻找合适的普通餐饮批发商。
- 主任、业代通过餐饮门店的拜访，了解普通餐饮批发商信息。
- 同普通餐饮批发商沟通合作意向。
- 甄选普通餐饮批发商。
- 确立普通餐饮批发商。

（2）业代线路调整，加强拜访。

- 主任 + 业代的摸底拜访调查，寻找重点客户突破。
- 普通餐饮批发商 + 业代的车销服务模式，激活餐饮客户。
- 拜访线路调整。

（3）街区打造。

生动化布建跟进，冷饮设备投放。

二　商圈定义及类型

1. 商圈定义

商圈（Shopping Mall），超大型购物中心，是一种集购物、餐饮、休闲、娱乐、观光于一体的综合商业体，为消费者提供一站式购物、消费体验，存在卖场、便利店、食杂店、休闲食品、普通餐饮、中高档餐饮、面包店、水吧、母婴店、KTV、电玩城、电影院、健身馆、桌球室等多种消费场景。其中，餐饮门店在商圈具有超强的人气吸附能力，近年来成为商圈带动人流的最重要消费场景。

2. Shopping Mall 的两种类型特征

Shopping Mall 的两种类型特征如图 9－3 所示。

两种类型		特征
大型购物广场		· 建筑规模大（一般建筑面积达1000平方米以上），大多有广和场中庭 · 零售娱乐业态丰富，如含有卖场超市、餐饮、影院、KTV、健身中心、游戏中心等至少3种以上 · 人流量大，吸引了商务人士和娱乐消费群体，日均人流量上万 · 主要位于交通枢纽，商业集中区域
购物中心		· 建筑规模小，一般没有中庭 · 零售业态主要依托卖场超市为主，以餐饮为辅助，一般没有影院、KTV等其他娱乐业态 · 以消费群体为主，日均人流量为大型购物广场的三分之一左右 · 主要位于居民区集中区域

图 9－3　Shopping Mall 的两种类型特征

3. Shopping Mall 特点

● 建筑规模大：一般建筑面积达 5000 平方米以上，大多有广场和中庭。

- 业态丰富：含有卖场超市、餐饮、影院、KTV、健身中心、游戏中心等至少 3 种以上业态。
- 人流量大：吸引了商务人士和休闲娱乐的年轻消费群体，日均人流量上万人。
- 交通枢纽中心：形成超强商业吸附能力。

4. Shopping Mall 售点类型及客户划分

Shopping Mall 售点类型及客户划分如图 9－4 所示。

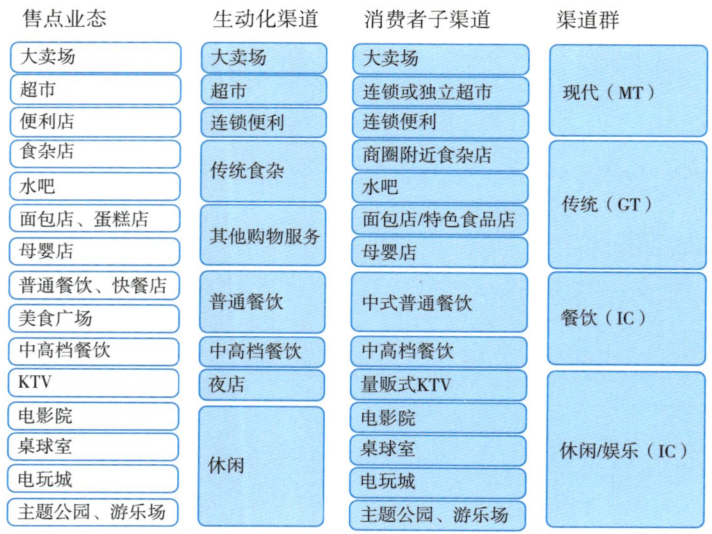

图 9－4　Shopping Mall 售点类型及客户划分

5. 购物者研究

购物者研究如表 9－1 所示。

表 9－1　购物者研究

购物者调研发现	行动启示
消费者主要在餐厅、美食街和电影院等场所停留时间长，消费者比例：餐饮店 88%、电影院 70%	抓住重点渠道营销，必备 SKU 铺货
经营业态多元化，一站式购物方式、购物体验	抓住整合的渠道营销机会，实现跨渠道营销
在 Shopping Mall 里，消费者认为电梯/自动扶梯（70%）和中庭（60%）的位置，获得购买信息的作用最明显	抓住消费者路线的主要干预点，加强与消费者沟通

三　商圈开发的步骤与案例

1. Shopping Mall 开发步骤

1. 1　Shopping Mall 盘点调查及盘点步骤

商圈信息如表 9－2 所示。

表 9－2　商圈信息

购物广场/购物中心名称：

续表

所属商圈：
商圈界定范围：
东
南
西
北

盘点调查表如表9－3所示。

表9－3　盘点调查表

冷饮设备选项	渠道选项		服务单位选项
1	卖场	KA	冰柜
2	超市	营业所	现调机
3	便利店	餐饮部	饮水机
4	食杂店		自动贩卖机

续表

冷饮设备选项	渠道选项		服务单位选项
5	母婴店		热饮机
6	普通餐饮		咖啡机
7	中高档餐饮		
8	电影院		
9	健身房		
10	咖啡店、茶店、专卖饮料的店		
11	面包、糕点、食品店		
12	儿童游乐、游戏机场所		
13	KTV		
14	网吧		

区域信息				基本信息						服务信息								盘点人
序号	大区	城市	办事处	客户名称	联系人	电话	渠道	是否为连锁店 Y or N	全国客户或是本地客户	是否服务 Y or N	服务单位	现有饮料设备类型	设备归属	配送商名称	配送商电话	联系人	电话	
1																		

续表

区域信息				基本信息						服务信息								盘点人
序号	大区	城市	办事处	客户名称	联系人	电话	渠道	是否为连锁店 Y or N	全国客户或是本地客户	是否服务 Y or N	服务单位	现有饮料设备类型	设备归属	配送商名称	配送商电话	联系人	电话	
2																		
3																		
4																		
5																		
6																		
7																		
8																		
9																		
……																		

必须将 Shopping Mall 当作一个整体来盘点，其涉及多个业态、多个销售单位，需要分清各自渠道盘点责任，分渠道推进，有利于整体打造。

盘点流程如图 9－5 所示。

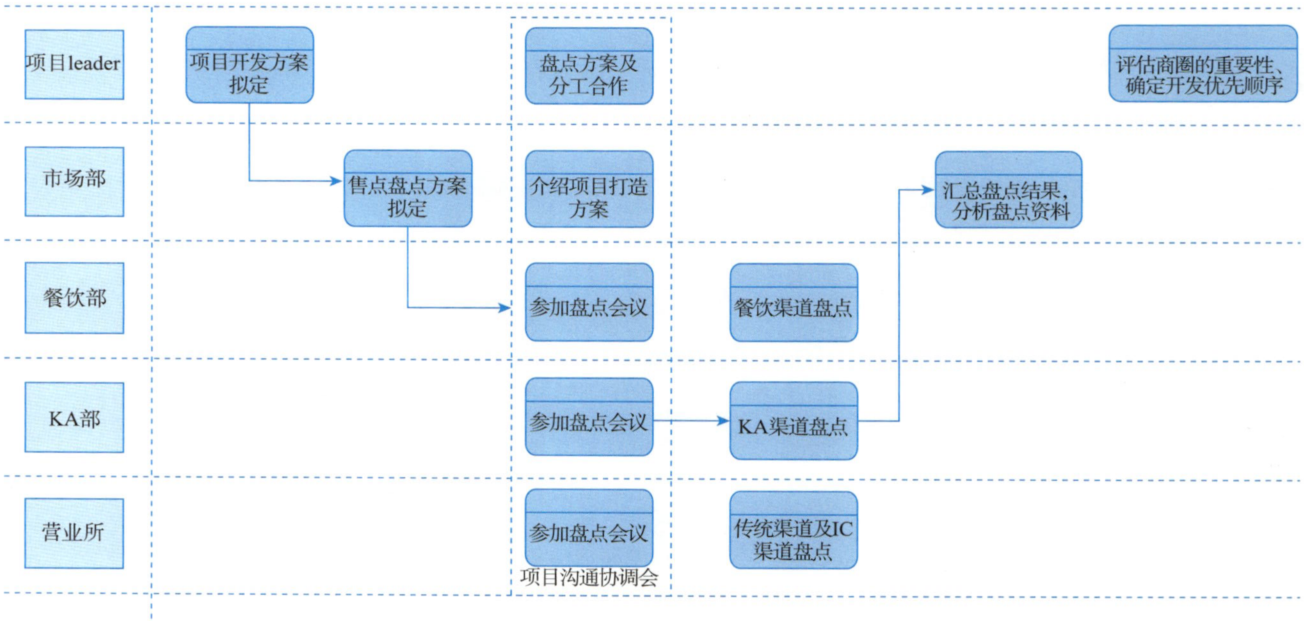

图 9－5　盘点流程

1.2　盘点资料搜集与整理

盘点资料搜集与整理如表 9－4 所示。

表 9－4　盘点资料搜集与整理

基本信息							零售娱乐指标															影响力指标								总计
序号	类型（1. 大型购物广场；2. 购物中心）	营业所	城市	所在商圈	购物广场名称/购物中心名称	详细地址（区域－主干道－标志性建筑/临近车站名）	零售娱乐渠道的覆盖及售店数量－基本信息（1&2）															1. 目前日均人流量预估		2. 消费者定位	3. 开发商或运营商综合实力	4. 消费者品牌营销场所		5. 地理优势及未来发展前景	合计	
							卖场	超市	便利店	连锁快餐店（如肯德基、麦当劳等）	普通餐饮	中高档餐饮	美食广场、美食街	电影院	健身房	咖啡店、茶店、专卖饮料的店	面包、糕点、食品店	儿童游乐、游戏机场所	KTV	网吧	其他	合计	平常日（周一至周五）日均人流量	周末及节假日日均人流量	5分中档定位 3分大众化定位 1分高档定位	非常好5分 一般3分 非常差1分	是否有露天广场（Y or N）	是否有中庭（Y or N）	非常好5分 一般3分 非常差1分		
1				湘隆时代	湘隆时代广场	经济技术开发区湘隆时代广场		5	1	3	5	10	2	8	3	－	1	4	8	1	1	52	5	3	3	1	5	0	3	20	72

续表

2				经开万达	万达广场	经济技术开发区万达广场	10		1	3	5	10	2	8	3	3	1	4	8	1		59	8	4	3	5	5	5	3	33	92
3				南国西汇	南国西汇城市广场	解放大道387号		5	1	3	3	10	2	8	3	3	1	4	8			51	5	3	3	3	5	5	3	27	78
4				菱角湖万达	菱角湖万达广场	新华路菱角湖万达广场	10		1	3	5	10	2	8	3	3	1	4	8			58	8	4	3	5	5	5	3	33	91
5				武广商圈	武汉广场	解放大道688号	10		1	3	5	10	2	8	3	3	1	4	8	1	1	60	10	5	5	5	5	5	5	40	100
6				武汉新天地		卢沟桥路66号			1		5	10	2	8	3	3	1		8			41	8	4	1	5	5	5	5	33	74
7				江汉路万达	万达广场	江汉路	10		1	3	5	10	2	8	3	3	1	4	8	1	1	60	10	5	3	5	5	5	5	38	98

续表

8				楚河汉街	万达广场	武昌区楚河汉街			1	3	5	10	2	8	3	3	1	4	8	1	1	50	8	4	1	5	5	5	5	33	83
9				销品茂	销品茂	徐东大街18号	10		1	3	5	10	2	8	3	3	1	4	8	1		59	8	4	3	5	5	5	5	35	94
10				光谷步行街	K11	珞雄路光谷步行街	10		1	3	5	10	2	8	3	3	1	4	8	1		59	10	5	3	5	5	5	5	38	97

1.3 确定开发重点

通过零售娱乐指标和影响力指标，确定分批开发的重点，优先开发整体得分 80 分以上的商圈。这些商圈几乎涵盖了所有零售娱乐客户，影响力非常大。如图 9－6 所示。

1.4 建立与 Shopping Mall 配套的餐饮 RTM 服务结构

与 Shopping Mall 配套的餐饮 RTM 服务结构如图 9－7 所示。

2. Shopping Mall 的开发关键

2.1 成功开发关键

成功开发关键如图 9－8 所示。

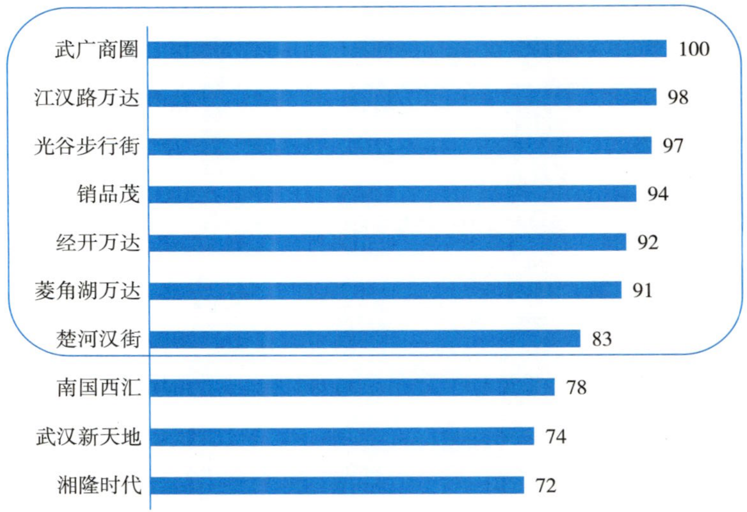

图9-6　确定商圈开发重点

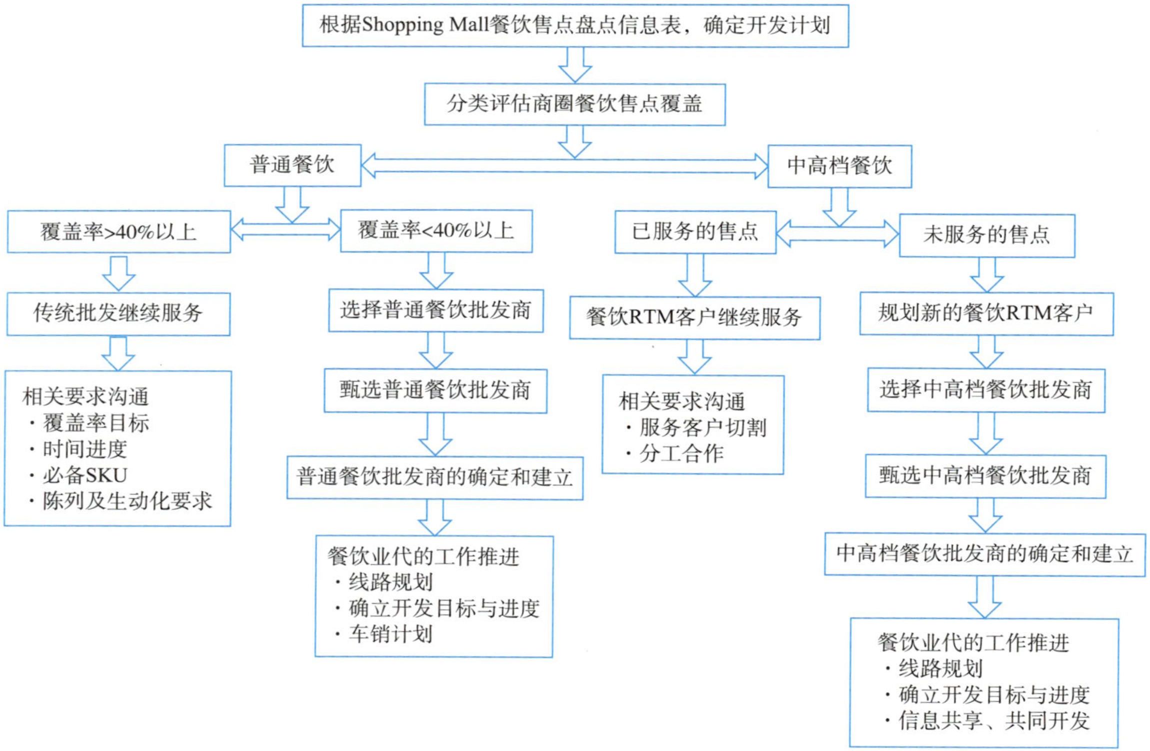

图 9－7　与 Shopping Mall 配套的餐饮 RTM 服务结构

成功开发关键指标如图 9－9 所示。

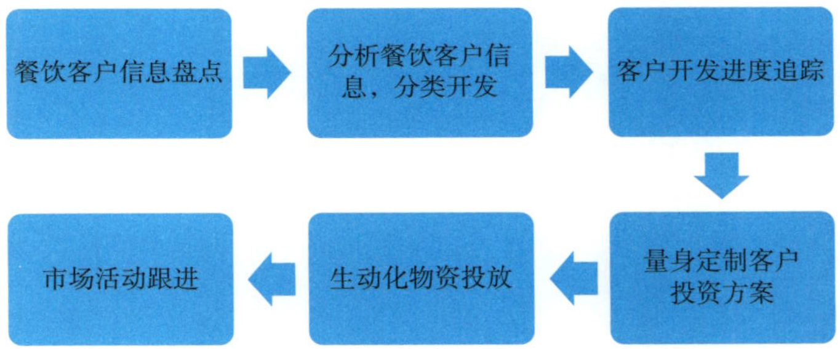

图 9－8　成功开发关键

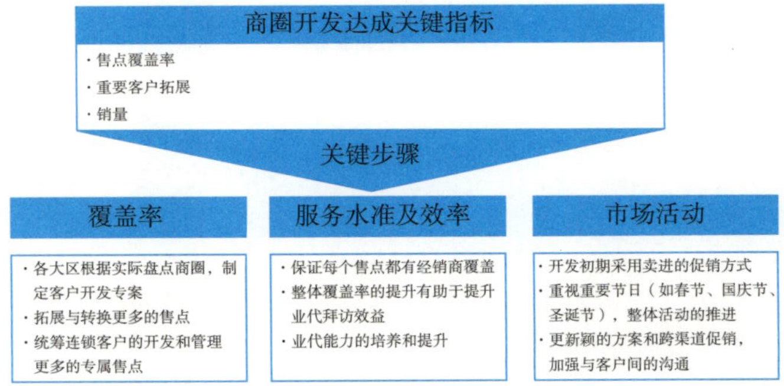

图 9－9　成功开发关键指标

2.2　普通餐饮开发

参照餐饮街的开发。

2.3　中高档餐饮开发

中高档餐饮开发如图 9－10 所示。

新开业商圈开发相对较容易，在餐饮门店处于装修阶段，酒水供应商未固化前，快速接洽餐饮负责人，为餐饮门店提供开店服务支持，开发相对较容易。对于一些成熟的商圈，供应商较为成熟，开发起来相对较难，需要在商圈送货时间段寻找为这些餐饮门店提供产品服务的餐饮批发商，并与之合作，才能创造为其服务的可能性。

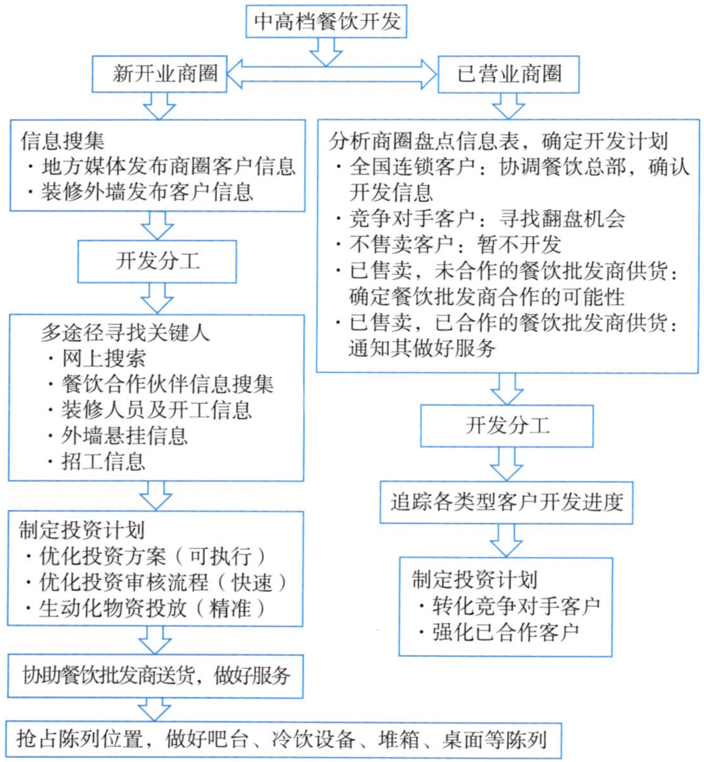

图 9－10　中高档餐饮开发

3. 渠道成功图像

普通餐饮成功图像和中高档餐饮成功图像，请参照第八章餐饮渠道售点生动化及成功图像。

4. 活动推送（内循环体系建设）

商圈内存在多种业态、多种消费场景，必须将这些消费场景进行串联，整合资源内循环，通过渠道及品牌活动来稳固产品在 Shopping Mall 各个场景的流通。如图 9－11 所示。

图 9－11　内循环体系建设

5. 案例：圣诞老人请吃饭

沟通策略：以 Shopping Mall 为中心，与消费者进行全方位沟通。

活动内容：圣诞惊喜，分享快乐。

消费者参与方式：进店消费，微博@ 可口可乐圣诞老人请吃饭@ 可口可乐湖北@ 餐厅 + 地址 + 桌号 + 用餐照片，圣诞老人通过商圈巡游方式随机抽取幸运“吃货”。圣诞老人驾着雪橇，为你买单！

活动方式：

- 选取武汉 6 个重点 Shopping Mall。
- Shopping Mall、影院、KA 卖场配合活动做美陈陈列。

– 美陈 & 大型户外美陈如图 9 – 12 所示。

凯德广场

菱角湖万达

图 9 – 12　美陈 & 大型户外美陈

- 菱角湖万达金逸影院如图 9 – 13 所示。

图 9 – 13　菱角湖万达金逸影院

- Shopping Mall 联合促销如图 9 – 14 所示。

图 9 – 14　Shopping Mall 联合促销

- 中高档餐饮生动化制作。

中高档餐饮窗贴共计 147 块，覆盖 6 个 Shopping Mall，如图 9 - 15 所示。

图 9 – 15　中高档餐饮窗贴

X 展架投放 190 个，如图 9 – 16 所示。

图 9－16　X 展架

台卡如图 9－17 所示。

图 9－17　台卡

Shopping Mall 餐饮楼层整体打造如图 9－18 所示。

图 9 – 18　Shopping Mall 餐饮楼层整体打造

线上：新浪专题活动

线下：A. 圣诞美食季主题活动

1. 与麦当劳联合促销

2. 与棒约翰联合促销圣诞老人巡游

3. 餐饮客户美食优惠券 + 我喊圣诞老人请吃饭活动

餐饮客户美食优惠券 + 我喊圣诞老人请吃饭活动如图 9 – 19 所示。

B. 圣诞巡游活动

1. Shopping Mall 巡游

Shopping Mall 巡游如图 9 – 20 所示。

2. 花车巡游

图 9-19　餐饮客户美食优惠券+我喊圣诞老人请吃饭活动

图 9－20　Shopping Mall 巡游

C. 万达广场圣诞主题活动

1. 拉花瓶买赠促销

拉花瓶买赠促销如图 9 - 21 所示。

2. 圣诞 Party

图 9 - 21　拉花瓶买赠促销

第十部分

火锅和团餐的开发

一　火锅店开发

火锅企业近几年发展非常迅速，业内关注度也非常高。这是因为火锅店的食材容易标准化，以及流程管理容易标准化。从商业模式看，火锅餐饮企业只需将各种食材标准化后，省去正餐所需要后厨的使用面积，大大提高餐饮门店的台位数量，就可提升餐饮门店的使用坪效（坪效就是指终端卖场 1 平方米的效率，一般是评估卖场实力的一个重要标准。坪效 = 销售业绩 ÷ 店铺面积）。火锅企业也可以去厨师化，易标准化、可复制、降低成本，提升运营绩效。火锅企业只需在各区域建好中央厨房或供应链系统，做好菜品标准和统一各门店运营模式，便可以在各城市复制、快速开店、提供服务。同时，消费者在就餐过程中参与度高、体验好。

1. 火锅门店数及分类

根据辰智餐饮数据，截至 2016 年年底，全国餐饮门店 602 万家，火锅餐饮网点合计数量 36 万家，占餐饮门店总量的 6%。火锅行业的分类如图 10－1 所示。

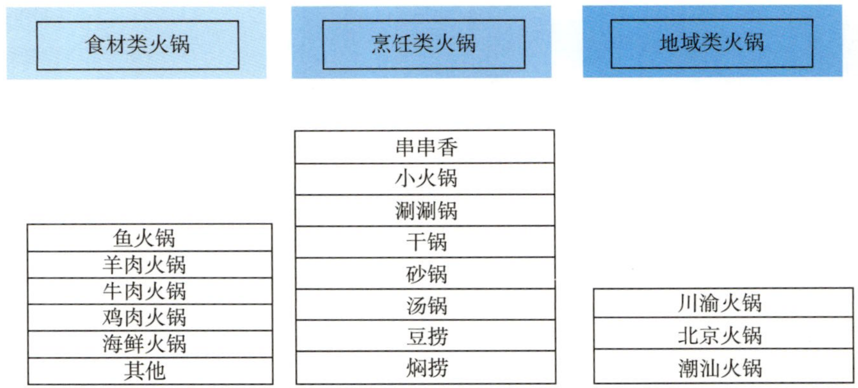

图 10－1　火锅行业的分类

2. 火锅对酒水饮品的销售机会

消费者在火锅店堂食时，边消费边添加

食材，现场体验感非常强，就餐时间一般高于炒菜类正餐。同时，大部分人对火锅的偏好，可以满足其对麻、辣、鲜香的畅爽感觉。在火锅店就餐特别适合酒水饮料的销售。前面有重点介绍前厅酒水饮料与美食的搭配，这里不再就前厅酒水饮料销售做介绍，我们将介绍农夫山泉天然水在后厨作为食材用水的推广。

3. 食材用水在火锅上的应用推广

随着消费的升级，消费者在餐饮门店点餐时不仅关注口味喜好，对食材关注度也非常高，达到 21.7%，如图 10－2 所示。

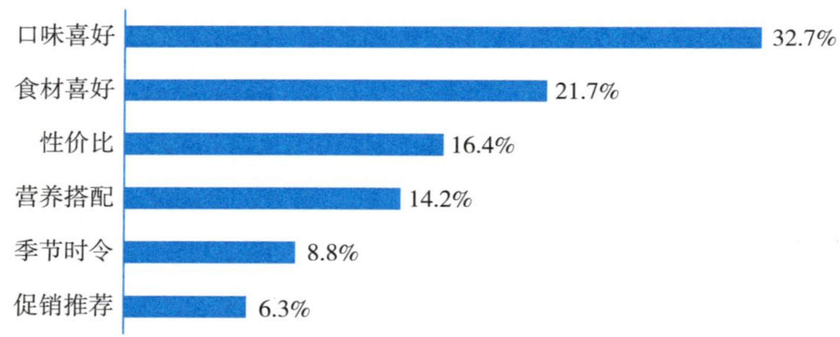

图 10－2 消费者就餐关注度

数据来源：中国烹饪协会。

食材是指制作食物时所需要使用的原料，我们在餐饮接触到的食材通常为素类食材、肉类食材、药膳食材等，而水作为食材是在餐饮消费升级的前提下，消费者对餐饮消费的新需求。农夫山泉天然水选取天然的优质水源，仅对原水做最小限度的、必要的处理，保存了原水中钾、钠、钙、镁、偏硅酸等对人体有益的矿物元素，pH 值为 7.3 ±0.5，呈天然弱碱性，尤其适合对肉类要求较高的食材类火锅、煲粥类汤锅、煲汤类砂锅。这些餐饮企业通过明厨亮灶、现场烹调等方式，将农夫山泉天然水与其他食材现场烹饪的方式直接展现给消费，让消费者体验到天然健康好味道，提升消费者对其他食材的认可度，从而获得良好口碑效应，甚至制造传播话题，产生溢出效应。

4. 顺应餐饮行业的发展方向：流程管理标准化

中央厨房管理、店面出品流水化作业、供应链标准化、服务流程高效配置是餐饮标准化发展的方向。标准化流程管理可以有效地控制成本，提高生产、供应和出品效率，提升门店运营效率和单位坪效。如图 10－3 所示。

食材用水标准箱作业，特别适合中央厨房供应链管理，各门店根据每天食材所需，精准配置食材用水量，减少餐饮门店大面积囤货。同时，前厅服务员根据就餐人数，精准提供用水量，减少浪费，出品效率大大提高，服务人员也容易把握标准，提升了门店运营效率。如图 10－4 所示。

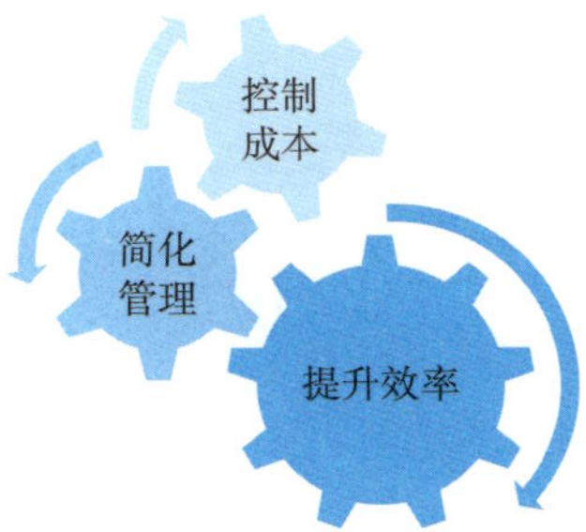

图 10－3　标准化流程管理

图 10－4　食材用水标准箱作业

5. 食材用水在不同类型火锅餐饮的机会点

5.1 农夫山泉天然水产品特征

农夫山泉选取天然的优质水源，仅对原水做最小限度的、必要的处理，保存了原水中钾、钠、钙、镁、偏硅酸等对人体有益的矿物元素，pH 值为 7.3 ±0.5，呈天然弱碱性。

5.2 多种包装规格组合，适合不同类型餐饮所需

多种规格，如 1.5L、2L、4L、5L，适合不同类型火锅店对用水量的需求，用水量与其他食材一起按比例搭配，烹出营养健康好味道。

5.3 服务员操作简单

服务员根据厨师对火锅食材用量要求和就餐人数多少，加入适量天然水，操作简单，提高了工作效率，减少餐厅用工需求，特别适合餐厅标准化作业，满足餐厅快速开店需求。

5.4 餐厅受益

用水需求量表面上短期内增加了餐厅出品成本，从长远看，因为消费者通过对农夫山泉天然水的认知，提升了对餐厅所有食材档次的认知，愿意为好食材买单，餐厅从而获得良好口碑和口口相传效益，赢得了回头客和源源不断的客流，最终受益的是餐厅。

5.5 餐厅与消费者交互

为了让消费者对后厨环境、用料、厨师操作等有更多的了解，明明白白消费，很多餐厅推出了明厨亮灶，实现餐厅与消费者的交互，满足消费者对健康的需求。而农夫山泉天然水现场感的操作，实现了消费者与餐厅的交互。

5.6 与肉类的完美结合

牛羊肉本身含有弱酸性，与农夫山泉天然弱碱性水结合，可使肉质柔软有弹性、质地细腻，确保营养零流失。

与鱼肉结合，可保持鱼肉的鲜美，不用添加鲜味调味品，保持自然、健康、原味本色。

天然好水煲汤，才能保证鸡肉的鲜性和美味。

5.7 获得极大的品牌展示机会，撬动家庭用水的发展

为了让消费者全面了解餐厅使用的是农夫山泉天然水，许多餐饮企业从店外的门形展架提示到店门口的产品展示，再到餐区的多点陈列、餐桌产品摆桌、收银台灯箱片、LED 食材推广等，都能看见农夫山泉天然水的产品展示，高频次的品牌展示。大的火锅企业在使用农夫山泉天然水后，对整个行业的风向作用明显，带动了其他火锅企业使用。消费者在不同火锅场景消费后，也尝试在家使用农夫山泉天然水煲汤、煮饭、泡茶等，从而撬动家庭用户用水发展。如图 10－5 所示。

5.8 食材用水在火锅门店的推广

在与火锅门店合作时，有些火锅门店使用食材用水后，对其生意的帮助存在顾虑。若是不能增加点购率和复购率，使用食材用水就是增加成本。所以在与火锅门店合作时，可以通过以下方式打消餐饮客户顾虑，通过数据分析增强其合作信心。

（1）套餐推广

建议火锅门店拿出一个锅底做测试，可以使用折扣套餐和无折扣套餐形式推广。

折扣套餐：

方法 1：凡点购老北京涮味浓锅底（48 元）送 1 瓶 4L 农夫山泉天然水，活动持续 15 天。以前后 15 天的数据做比较，来测算该锅底的点购率，以及对人流量提升的帮助。

图 10－5　农夫山泉天然水的产品展示

方法 2：凡点购老北京涮味浓锅底（48 元）送 1 瓶 1.5L 农夫山泉天然水，第 1 瓶免费送，第 2 瓶按原价收费，活动持续 15 天。以前后 15 天的数据做比较，来测算该锅底的点购率，以及 1.5L 农夫山泉天然水的销量和人流量提升的帮助。

无折扣套餐：

锅底升级：老北京涮味浓锅底（48 元）+10 元，享农夫山泉天然水升级锅底，活动持续 15 天。以前后 15 天的数据做比较，来测算该锅底的点购率，以及对人流量提升的帮助。

无论是折扣套餐还是无折扣套餐，都要根据每家店的需求一店一议，目的是帮助餐饮门店做生意，解决餐饮门店的痛点，这样的合作才能深入持久。

（2）新品加推计划

消费者口味变化非常快，为了留住消费者，一些火锅门店经常在半年或一年对店内的菜单进行调整，加推新菜品或新锅类。通过农夫山泉天然水升级锅底，满足消费者对食材的升级需求，为火锅门店生意助力。

5.9 食材用水解决方案

根据不同火锅门店需求，为不同火锅门店提供量身定做的食材用水解决方案，成为火锅门店的专业供应商。如图 10－6 所示。

前厅使用 5L 以下不同规格包装产品，符合就餐人次的需求，既可以由消费者自助，也可以让服务员代为操作，实现现场交互与体验。而更大规格后厨桶装水，消费者在前厅堂食时难以看见，也没有现场体验。另外，大桶水的回桶操作，也会占用餐饮企业的使用面积，所以大桶水在后厨的大面积推广较难展开。

火锅分类	火锅品类	结合点及机会点	包装	推荐使用包装
食材类火锅	鱼火锅	鱼肉鲜嫩爽滑，不仅鱼好吃，汤味更加鲜美	 550ml	根据不同类型的餐饮使用不同规格的包装： 1. 消费人次 2. 各种食材配料比例 3. 酸菜点购比例 4. 就餐时间
	牛羊肉火锅	涮肉泡沫少、牛羊肉柔软多汁，滋味鲜美，颜色柔和，肥而不腻，瘦而不柴，容易咀嚼，便于消化	1.5L	
	鸡肉火锅	天然好水炖煮，才能保证鸡肉的鲜性和美味		
烹饪类火锅	小火锅 涮涮锅	根据所需适量添加，方便	2L	
	砂锅	好水熬好粥、煲好汤		
	汤锅	讲究食材、养生		
地域类火锅	川渝火锅	新派火锅	4L	
	北京火锅	老火锅		
	潮汕火锅	牛肉火锅	5L	

图 10－6　食材用水解决方案

二　团餐的开发

1. 团餐定义

团餐，是指为政府机关、部队、企业、商业机构、医院、大中小学、交通运输、公共写字楼、会展饮食供应等提供后勤服务的餐饮企业。现已成为餐饮业的重要组成部分，其特点是就餐群体高度集中，同时带有福利性质。

2. 市场结构

市场结构如图 10 – 7 所示。

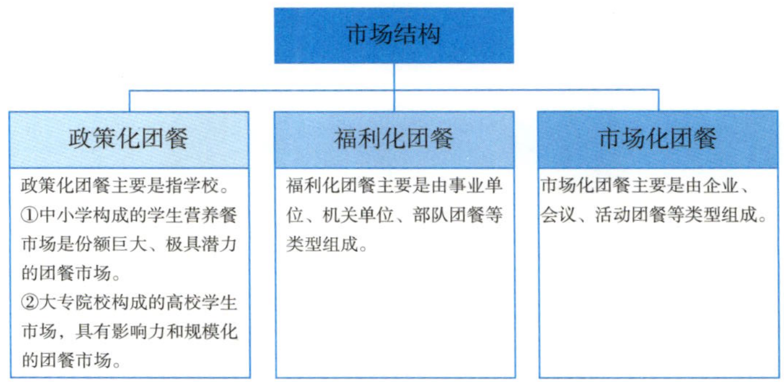

图 10 – 7　市场结构

3. 团餐消费特点

- 每日都有需求。
- 价格水平较低。
- 需求时间集中。
- 需求时间短暂。

团餐的消费特点告诉我们：在有限的时间、有限的空间内经营团餐，应对集中的需求，应以速度为核心、批量为基础设定运作。饮品的销售以成品或半成品（现调）快速满足集中用餐需求。

4. 团餐的巨大机会

团餐就餐人群集中、就餐人数较多，同时带有福利性质，特别适合健康饮品的套餐搭配和堂食点购，需求量集中而且非常大。

而从团餐经营中，随着合作的深入，延伸出更多的消费场景，不同消费场景所带来的生意机会点：

员工福利：在夏季及大型节假日期间，作为员工高温福利及节日福利。

会议饮用：无论大小多少，不放过每一个机会点，企业的会议场合也是机会点。

企业活动：企业文化是每个企业的灵魂，在团队建设、培训、企业年会、技能竞赛、员工生日等都是生意的机会点。

茶水间：员工中途休憩，体现员工福利或提升员工满意度，有助于振奋精神、即兴互动、创新思维、提高工作效率，提供日常用水、饮品、小食品、无人货架或自动贩卖机服务。

5. 团餐客户的特点

- 封闭式管理，外人不容易进入，不容易把握这些客户的消费情况（人数、是否提供团餐、需求状况）。
- 团餐企业负责人不是在固定时间、固定地点工作，拜访时间无法掌握。
- 团餐客户有固定的供应商，短期内无法更换，实现合作时间周期长。
- 可结合的机会较少，一旦合作可获得稳定的销售。

6. 团餐目标客户的选择

- 规模大：人数在 500 人以上，如大型劳动密集型企业、电子厂、服装厂等。

- 收入高：月均收入高，集团总部、国有大型企业、机关事业单位等。
- 销售稳定：套餐搭配形成习惯或提供无限续杯型的团餐企业，量大、销售稳定。
- 政策福利型：政府推动的大中小学营养餐等。

7. 团餐的合作方式

- 套餐搭配：投放现调机设备（提供汽水、果汁、咖啡、奶茶、豆奶等调制冷热饮品服务），可以满足团餐消费时间段集中，员工以自助形式随餐刷卡消费。
- 自由点购：投放冷饮设备或自贩机，员工刷卡或第三方支付，满足即时所需。
- 不提供收银服务：就餐区域投放自贩机，员工可自由选购。

由于投放这些售点的设备属于重资产，投放前要测算投入产出，要有明确的投放指引，对每台设备的最低销量要求，要综合考量日常就餐人数、福利情况、套餐要求、点购率、其他产品销售状况等。

团餐销售预估 =（团餐人数 × 人均饮用量 × 单价）/12 个月

设备折旧 = 采购原值/（折旧年限 × 12 个月）

销售利润 = 销售预估 × 利润率

当销售利润 > 设备折旧时，才考虑投放设备。

8. 团餐开发

团餐的开发相当复杂，这是由不同类型的团餐客户服务不同的消费群体所决定的，如表 10 – 1 所示。

表 10－1　团餐开发

市场化结构	场景	目标客户	执行方式	开发方式
政策化团餐	学校	后勤集团	套餐搭配	对接后勤集团
福利化团餐	部队、机关、事业单位	团餐客户或专业酒水饮品供应商	自由点购	透过人脉关系进入
市场化团餐	工矿企业	团餐客户	自由点购	线路普查
	医院			
	写字楼		套餐搭配	透过展会逆向寻找上游团餐客户
	会展			

9. 团餐成功图像

团餐成功图像如图 10－8 所示。

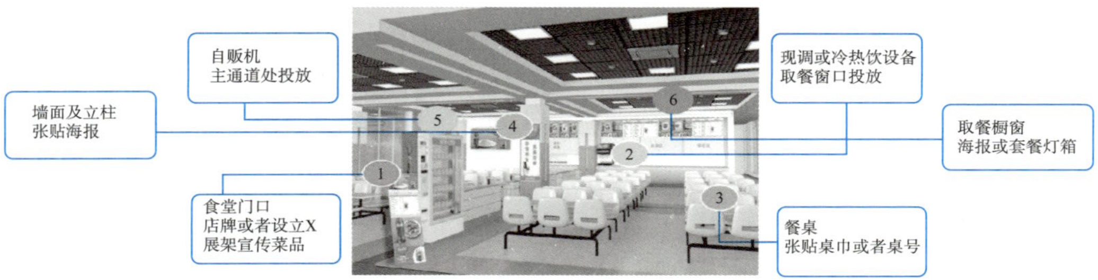

图 10－8　团餐成功图像

第十一部分

渠道促销与跨渠道促销

一　餐饮渠道促销的必要性

品牌企业合作痛点：品牌企业在餐饮行业的竞争加剧，餐饮企业对品牌企业合作投资要价越来越高，甚至超出品牌企业可承担的投资力度，导致餐饮渠道的经营成为品牌企业的鸡肋。一方面，通路成本高，人员绩效低；另外一方面，餐饮企业对品牌企业要求越来越高，包括产品、服务、价格、促销等，导致品牌企业合作意愿降低。

餐饮企业经营痛点：餐饮行业间竞争加剧，消费者口味变化快、体验变化快，对餐饮门店的忠诚度不高，消费者流失、转化较快，又受到“四高一低”的经营压力，经营风险高。而通过打折、促销、团购等方式，可以获得短暂的客流和营收高峰，但是挤压的是利润，留住消费者难。

为了强化双方合作关系，理清品牌企业合作痛点，认清餐饮企业经营痛点，通过渠道促销和跨渠道促销化解双方合作矛盾，找到共同点，稀释合作的投资力度，强化双方合作，提高客单价，稳住客流，制造与分享话题，增强消费者对餐饮门店的黏度，增强餐饮企业对品牌企业合作信心。如图 11－1 所示。

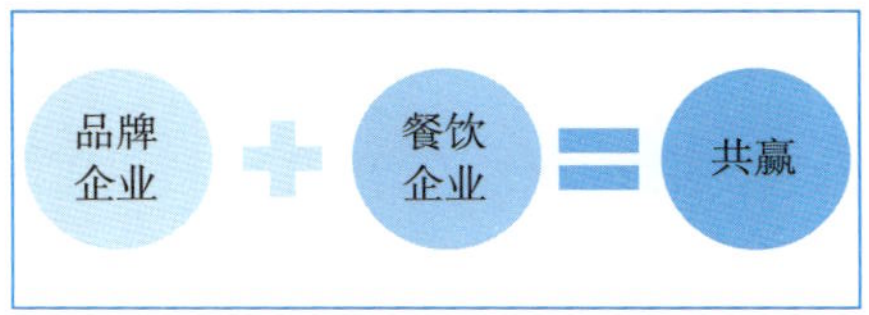

图 11－1　强化双方合作关系

促销形式是多形式和多维度的，根据促销形式与餐饮门店、消费者的关联性、服务人员推荐的积极性、消费者参与活动的积极性、餐饮门店参与数量、业务人员与服务员操作简单、投资回报等，设计不同的促销活动。

促销活动形式如表 11－1 所示。

表 11－1　促销活动形式

促销形式	关联性	易于操作	规模化	易于培训	投资回报	total
满额送						
跨渠道活动						
刷卡享优惠						
进货奖励						
半久性 OBM 投放						
大满罐						
服务员集标换奖						
桌台产品陈列						
折扣套餐						
圣诞派发						
婚宴						
美食地图						
店内抽奖－消费者						

续表

促销形式	关联性	易于操作	规模化	易于培训	投资回报	total
年夜饭套餐						
店内免费赠饮						
店庆促销 - 大转盘						
优惠券：商家的优惠促销						
高销量客户年底的客户答谢						
给商家提供造型门用于婚庆						
健康私家菜推荐 - 报纸						
赞助 - 厨艺大比拼						

二　促销活动案例

1. 满额送活动

目的：提高餐饮消费客单价，增加可口可乐产品的点购率。

执行方式：消费满××元送××产品。

执行时间：9 月 28 日 -10 月 7 日（中秋、国庆双节活动）。

生动化要求：店门口或店内显眼位置门形展架、活动告知、主题堆箱、台卡、例招、收银台、窗贴、桌角贴等。

执行计划表如表 11 -2 所示。

表 11－2　执行计划表

活动主题	活动时间	执行要求	活动机制	执行事项	负责方	完成时间节点	时间
中秋、国庆餐饮门店满额送	9 月 28 日－10 月 7 日（计划执行 10 天，仅限中餐及晚餐时段）	活动期间，参与客户门店窗贴/主题堆箱/收银台立牌/桌贴/X 展架	活动期间： 1. 活动商圈：经开万达广场（包括金街）、金银潭永旺、凯德广场 2. 商圈广播推送活动参与信息 3. 单张小票消费满 128 元送 1 听可口可乐，消费金额不累计叠加赠送 4. 参与商户根据门店台位数和参与天数，每家门店原则赠送 10 件 CAN 330ml 可口可乐产品，不足部分由餐饮门店出	提供商圈内初步有意向参与活动的商户（需开放门店窗贴/收银台立牌/桌贴/X 展架给到我司）	业务团队、市场部、商圈企划部负责人	2015 年 9 月 10 日	3
				沟通并确认参与活动餐饮门店	业务团队	2015 年 9 月 15 日	5
				产品配送到位（包括堆箱产品、赠送产品）	餐饮经销商或餐饮批发商	2015 年 9 月 20 日	3
				制作供应商测量相关制作区域、画面主题、融入餐厅元素等	制作商、业务团队、餐饮门店	2015 年 9 月 20 日	5
				确认制作设计	商圈企划负责人、制作商、业务团队、餐饮门店	2015 年 9 月 23 日	3
				完成制作	制作商	2015 年 9 月 27 日	4
				主题堆箱、生动化物资店内完成	业务团队	2015 年 9 月 27 日	7
				满额送活动开始	餐饮门店	2015 年 9 月 28 日	

客户提报表如表 11－3 所示。

表 11－3　客户提报表

序号	商圈	门店名称	客户方联系人	电话	负责业代	电话	可以进行的生动化制作					台位数	预估提供赠品数量
							窗贴	收银台三角立牌	桌贴	堆箱	门口活动信息 X 展架		

执行图片如图 11－2 所示。

图 11－2　执行图片

活动效果评估如表 11－4 所示。

表 11－4　活动效果评估

参与客户数	进货箱数							赠送产品		制作费用	费率	兑换券	
	CAN330 ml 可口可乐	CAN330 ml 雪碧	1.25L 可口可乐	1.25L 雪碧	1.25L 果粒橙	合计	金额（元）	数量（箱）	金额（元）			总数（张）	平均每天每店兑换数量（张）
126	2050	1650	1280	1240	1210	7430	362415	1260	51030	37800	25%	73296	58

其他满额送活动如图 11 －3 所示。

图 11 －3　其他满额送活动

2. 暖姜怡享：　可口可乐＋姜丝

暖姜怡享如图 11 －4 所示。

主料：新鲜生姜。

辅料：可口可乐。

姜和可乐的比例为 1∶100。

做法：

- 将新鲜的生姜洗净。
- 去皮，切成小细丝。
- 把煮锅洗净，倒入可乐，同时放入生姜丝，中火煮至沸腾，小火继续煮 2～3 分钟。
- 关火焖至温热即可饮用。

利润分析：

成本：1.25L 可口可乐 4.5 元/瓶，姜丝 0.5 元。

售价 15～18 元，利润率 67%～72%。目的：提高饮品利润点，给消费者温暖怡享。活动方案如图 11－5 所示。

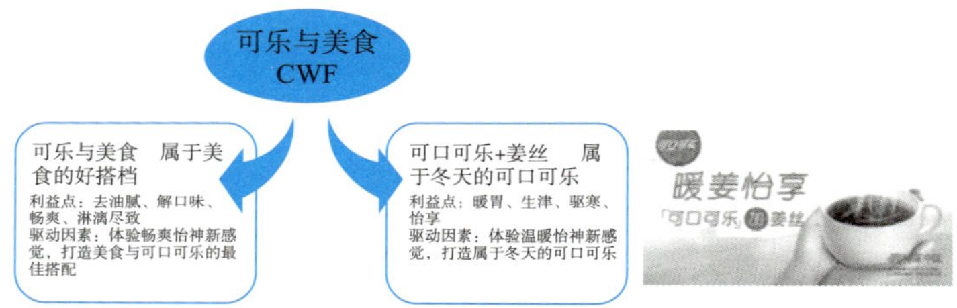

图 11－4 暖姜怡享

店方支持	额外支持	服务员集标奖励
· 首次进货： 客户于11月30日前进货1.25L或2L可口可乐8箱，并在店内显眼位置陈列6箱（最上层用托盘） · 陈列时间： 2016年12月1日–2017年2月28日 · 返还方式： 每月1.25L或2L可口可乐进货不低于5箱，首次进货及每月进货目标符合要求以及检查合格后，给予2箱1.25L可口可乐，当月考核次月返还	凡参与活动客户给予4个2L煮姜丝可乐的精美水壶	· 集齐5个标（仅限1.25L或2L可口可乐产品）送1包260g汰渍洗衣粉 · 集齐15个标（仅限1.25L或2L可口可乐产品）送1瓶200ml飘柔兰花长效洁顺洗发露 · 集齐25个标（仅限1.25L或2L可口可乐产品）送1瓶200ml潘婷丝质顺滑洗发露

图 11－5 活动方案

执行图片如图 11 -6 所示。

图 11 -6　执行图片

3. 新年享果粒享美食："食" 刻美味健康

活动目的：提高门店客单价，增加消费者对餐饮门店的好评。

活动方式：全桌点购可口可乐系列任意产品，即可获得美汁源果粒橙一客一杯赠饮，消费满 128 元即可获得 1.25L 果粒橙 1 瓶。

执行时间：1 月 25 日 –2 月 7 日（年夜饭套餐赠饮活动）。

生动化要求：店门口或店内显眼位置门形展架活动告知、主题堆箱、台卡、例招、收银台、窗贴、桌角贴等。

执行计划表如表 11 –5 所示。

表 11 –5　执行计划表

活动主题	活动时间	执行要求	活动机制	执行事项	负责方	完成时间节点	时间
新年享果粒享美食："食"刻美味健康	1 月 25 日 –2 月 7 日（计划执行 10 天，仅限中餐及晚餐时段）	活动期间，参与客户门店窗贴/主题堆箱/收银台立牌/桌贴/X 展架	活动期间： 1. 活动商圈：菱角湖万达广场（包括金街）、南国西汇、湘隆时代广场 2. 商圈广播推送活动参与信息 3. 单张小票消费满 128 元送 1.25L 果粒橙 1 瓶，消费金额不累计叠加赠送 4. 参与商户根据门店台位数和参	提供商圈内初步有意向参与活动的商户（需开放门店窗贴/收银台立牌/桌贴/X 展架给到我司）	业务团队、市场部	2015 年 1 月 5 日	3
				沟通并确认参与活动餐饮门店	业务团队	2015 年 1 月 10 日	5
				产品配送到位（包括堆箱产品、赠送产品）	餐饮经销商或餐饮批发商	2015 年 1 月 13 日	3

续表

活动主题	活动时间	执行要求	活动机制	执行事项	负责方	完成时间节点	时间
			与天数，每家门店原则赠送 10 件 1.25L 果粒橙产品，不足部分由餐饮门店出	制作供应商测量相关制作区域、画面主题、融入餐厅元素等	制作商、业务团队、餐饮门店	2015 年 1 月 15 日	5
				确认制作设计	制作商、业务团队、餐饮门店	2015 年 1 月 18 日	3
				完成制作	制作商	2015 年 1 月 23 日	4
				主题堆箱、生动化物资店内完成	业务团队	2015 年 1 月 24 日	8
				满额送活动开始	餐饮门店	2015 年 1 月 25 日	

执行图片如图 11－7 所示。

4. KA 跨渠道合作： 可口可乐美食惠

餐饮门店活动促销痛点：派发 **DM** 难以将消费者引流至餐饮门店消费，同时浪费人力及印刷纸张，也难以聚焦餐饮人群。而门店一味给予消费者折扣，门店利润受到挤压，没有折扣又难以留住消费者。

活动切入点：解决引流、淡化折扣，有效解决餐饮门店经营痛点。

活动方式：将 **KA** 门店购物者引流至餐饮门店，由 **KA** 购物者转化为餐饮门店消费者。

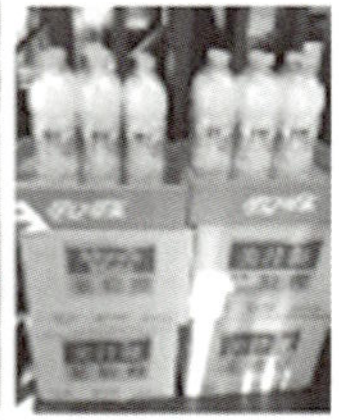

巴适

江湖菜

图 11 –7　执行图片

餐饮部：活动的发起者和执行者。

执行步骤：

（1）根据美团点评对餐饮门店的人气、评价、口味、环境、服务等对餐饮门店进行排序，筛选客户。

（2）根据明细挑选已合作门店，与餐饮门店沟通合作，制作美食地图，如图 11 –8 所示。

（3）确认门店可给予的产品折扣或金额折扣信息（由餐饮门店提供）。

（4）活动告知：店内生动化物品投放（台卡、门形展架等），如图 11 –9 所示。

KA 部：活动执行者和配合者。

执行门店：武汉市 124 家 KA 门店。

陈列要求：堆头、端架、货架、多点陈列，如图 11 –10 所示。

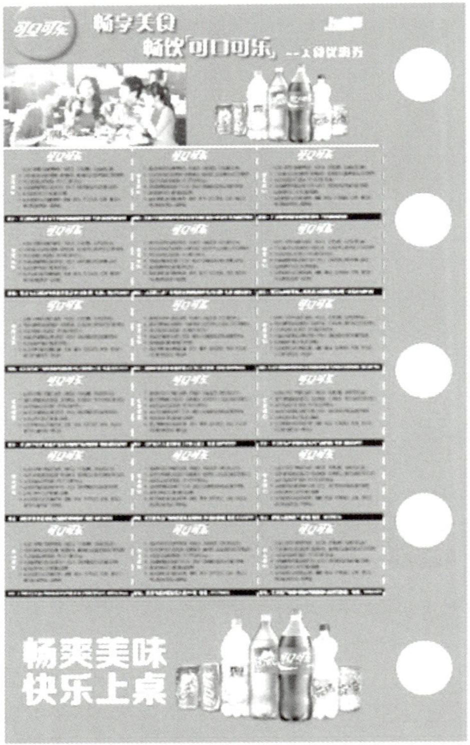

图 11－8　美食地图

图 11－9　店内生动化物品投放

生动化物资投放：瓶颈套、跳跳卡、价签、美食地图瓶颈套，如图 11 – 11 所示。

图 11 – 10　陈列要求

图 11 – 11　生动化物资投放

KA 理货员将美食地图瓶颈套挂在 1. 25L 系列产品上，如图 11 – 12 所示。

兑换方式：消费者持美食地图优惠券至指定餐饮门店享受优惠，或扫二维码进入活动页面，到店消费时出示优惠券。

活动执行流程如图 11 – 13 所示。

5. 公馆 KTV 优惠券：免费欢唱 1 小时

公馆 KTV 12 家连锁门店分布于武汉三镇重要商圈，在武汉无论是其连锁规模还是影响力都非常大，同时该客户由餐饮部服务。

KTV 之间竞争激烈，往往通过包房时间段优惠、包房送饮品、包房送果盘、白天档免费欢唱等促销形式，在非客流量高峰时间段吸引消费者。同时，KTV 通过在餐饮门店收银台放置 DM 传单、门口放置 X 展架，对上述活动进行告知，转化流量较高的餐饮消费者。

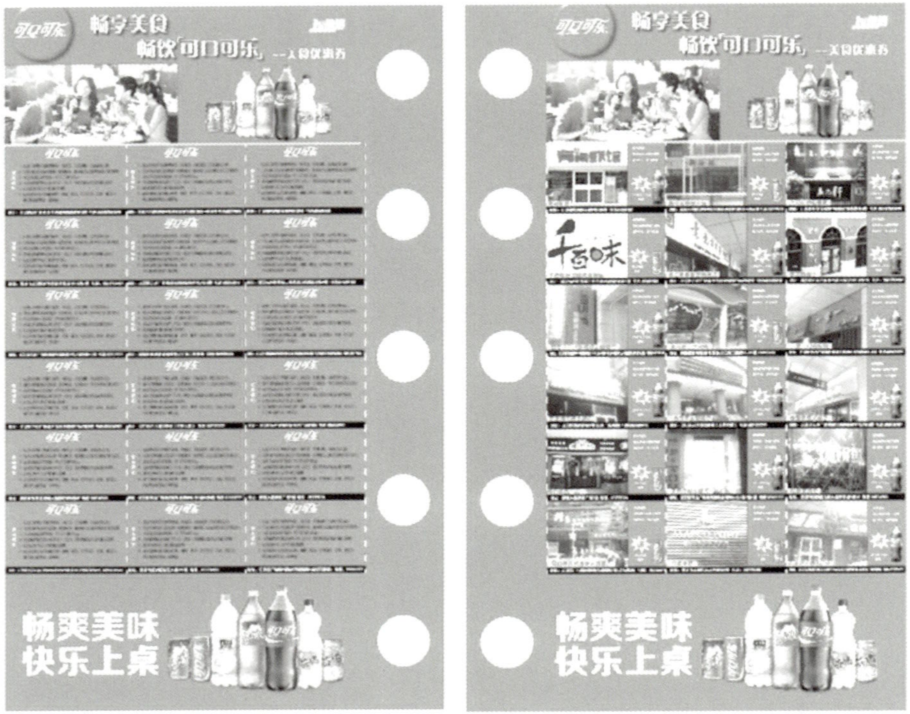

图 11-12　将美食地图瓶颈套挂在 1.25L 系列产品上（圆圈处为挂口）

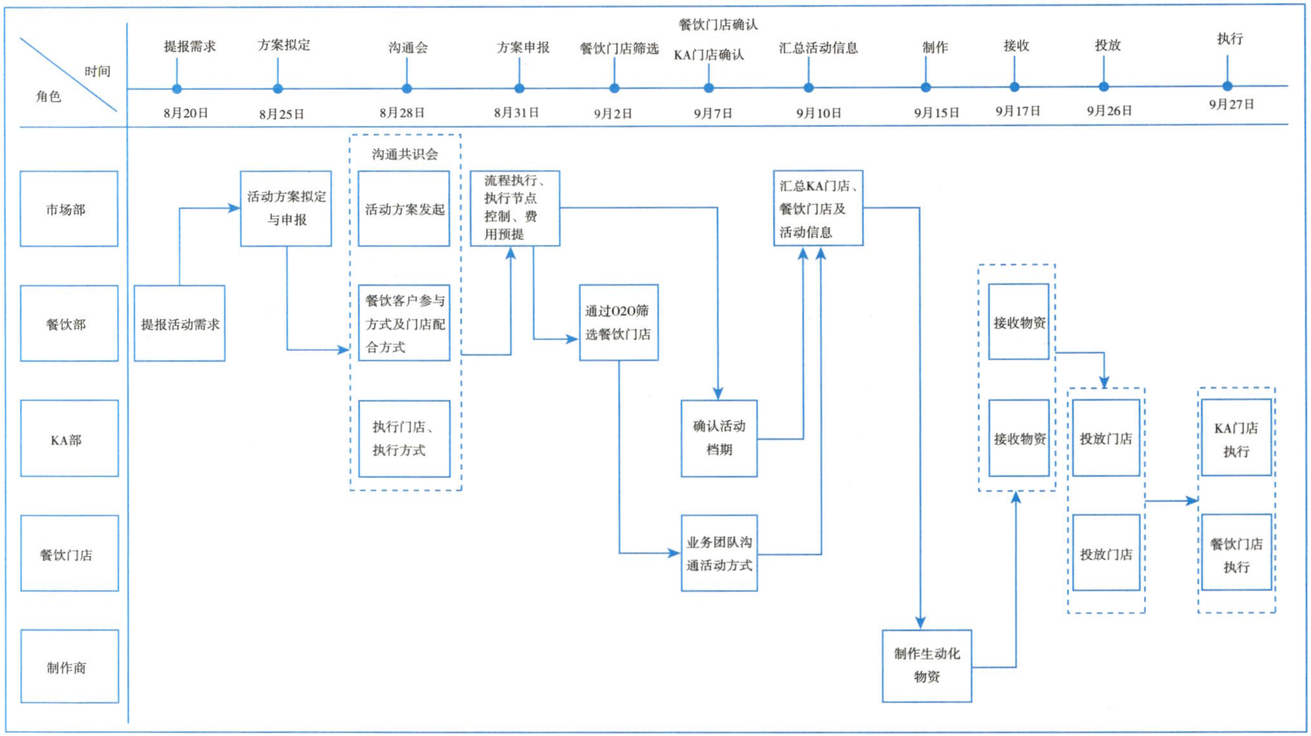

图 11－13　活动执行流程

商圈里存在多个消费场景，各个场景之间相互转换、黏度高，要把消费者留在商圈里消费，就要串起各种消费场景，打通各消费场景，而这个联系的纽带通过一个共同的产品来打通。通过优惠券的形式，在餐饮门店消费后，获得优惠券在 KTV 享受免费欢唱 1 小时，将美食与娱乐链接起来。而公馆 KTV 门店大部分位于商圈，选择餐饮客户覆盖率较高的商圈进行推送，高度契合。

单靠餐饮门店转化至 KTV，流量是不够的，要同时将 KA 卖场的庞大购买者包进来，增加流量、提升活跃率，才可以将整个活动串起来、造势，打通卖场、餐饮、KTV 多个消费场景，让消费者在连锁优惠反应中获得良好体验，增加产品的购买率和点击率。

各部门工作职责和分工如下：

- 餐饮部：

A. 活动主体客户谈判

公馆活动内容和形式、餐饮门店参与方式。

B. 活动主体客户活动执行

公馆各门店生动化物资投放（X 展架、包房台卡等活动告知），如图 11－14 所示。

餐饮门店生动化物资投放（主题堆箱、台卡、摇摇卡、桌面提示、收银台、X 展架），如图 11－15 所示。

餐饮业务执行团队每次拜访时在各餐饮门店对 1. 25L 雪碧产品贴标，管控优惠券使用数量，每周统计贴标数量和库存数量，并上报市场部。如图 11－16 所示。

图 11－14　各门店生动化物资投放

图 11 –15　餐饮门店生动化物资投放

C. 门店转化数据收集

餐饮业务人员每周拜访公馆各门店收集 1.25L 雪碧和 CAN330ml（1 ×6）雪碧兑换优惠券，餐饮部统计后统一上报市场部。

- KA 部。

门店数：武汉 124 家卖场、超市。

KA 部工作：

- 活动档期谈判。

- 陈列要求：堆头、端架、货架、多点陈列。

- 生动化物资投放：瓶颈套、跳跳卡、价签、美食地图瓶颈套。

- KA 理货员将优惠券标贴在 CAN330ml（1×6）雪碧产品上，对优惠券进行管控，每周统计贴标数量和库存数量，并上报市场部。

图 11－16　产品贴标

● 市场部。

- 根据餐饮部、KA 部需求，提报活动方案、申请方案。

- 统筹餐饮部、KA 部活动执行时间节点和管控节点。

- 根据用量，合理制作生动化物资，发放餐饮部、KA 部。

- 每周统计餐饮部、KA 部优惠券使用数量和库存，根据需求制作追加相关生动化物资。

- 每周统计公馆优惠券转化数量。

月度报表：餐饮部 1.25L 雪碧产品各门店的销售分析，KA 部 CAN330ml（1×6）雪碧产品销售分析。

6. 刷卡享优惠：麻辣星期三，五折美食，雪碧畅爽

招商银行在全国合作餐饮门店推出，每周三在指定餐饮门店点购指定菜品刷招商银行信用卡、一卡通金卡、金葵花卡

享五折优惠活动。招商银行客户端需要线下引流。可口可乐与招商银行达成一致，通过下载招商银行客户端，获得优惠券，在指定门店兑换1瓶1.25L雪碧，指定门店必须是有售卖可口可乐系列产品、口味麻辣咸的餐厅。招商银行在全国线下有一定的活跃餐饮门店体量，同时地推人员也在加大与各餐饮门店推送该活动的力度。

6.1　招商银行信用卡用户数：48000000人；合作餐饮门店：13000家；活跃门店数：12355家。

6.2　活动参与城市：36个。

活动目的：一方面，利用二维码锁定流量，通过扫码将消费者引流至招商银行客户端，由线下用户转化为线上消费；另一方面，推动雪碧与辣食的结合，招募更多的年轻消费群体。如图11－17所示。

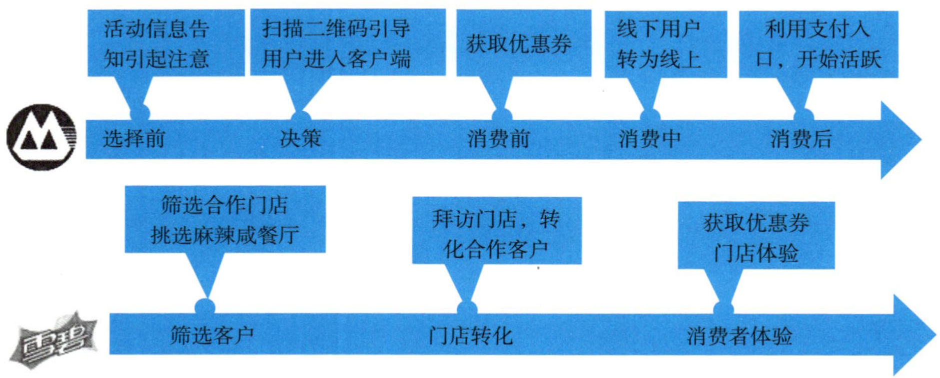

图11－17　活动目的

6.3 执行方式。

（1）活动机制

3 月 –12 月，每周三招行持卡人刷招行卡享指定餐厅半价优惠，通过招行客户端兑换电子券同时享受免费 1 瓶 1.25L 雪碧（每个招行账上生活 APP 账号每周限下载一张电子券，电子券限周三于招行指定餐厅使用。每桌限用一张，不与餐厅其他优惠同享）。

（2）兑换方式

招行持卡人在招行手机 APP 兑换电子券。每周电子券均有唯一专用号码，店家通过招行专用商家终端验证给予兑换。

（3）沟通渠道

招行：微信、短信、账单、APP、餐饮店内海报台卡、X 展架或易拉宝。

可口可乐：社交媒体和数字媒体。

（4）合作流程

将参与门店进行分类筛选，确定合作门店执行方式。

- 已合作有售卖：招行和餐厅签订合作协议。
- 未合作有售卖：招行引荐餐饮业代与商户洽谈拓展 SKU，与餐厅签订合作协议。
- 未售卖有意向转化客户：招行引荐餐饮业代与商户洽谈先进货后参加活动。
- 未售卖：不参与活动。

市场部分工：

- 确定与招行的合作方式。
- 衔接招行当地联系人和餐饮部业务共同推动工作。
- 通知招商银行根据合作门店协议信息制作生动化物料，投放至各餐饮门店，如图 11－18 所示。

图 11－18　生动化物料

- 通知餐饮部为各门店配送 1. 25L 雪碧产品。
- 根据招行提供的餐饮门店每周优惠券使用数量，补货至餐饮经销商。
- 活动评估。

餐饮渠道部：

- 筛选合作门店，确定合作执行方式。
- 招行区域地推负责人与餐饮业代对接，共同拜访餐饮客户，签订合作协议。
- 餐饮经销商对已签订合作协议的门店进行补货，未售卖门店进行铺货。
- 餐饮经销商对各门店使用优惠券数量进行补货。

7. 与当地美食专栏报纸合作，推介美食地图

消费者获取餐厅信息渠道的调查结果显示，“美食类网站或 APP”以 40.3% 的占比排名第一，“他人介绍”占比 28.8%，“社交媒体”“报纸、电视、广播等传统媒体”占比 21.9%，如图 11－19 所示。

数据来源：中国烹饪协会

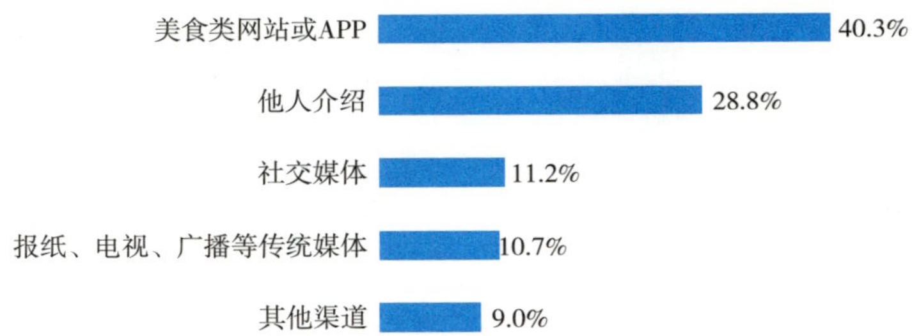

图 11－19　餐厅信息渠道的调查结果

金报在每周五推出专栏，介绍各餐饮门店特色美食。PAC 部门与金报合作推出“可口可乐·健康美食好搭档，带你逛美食”专栏。连续五周，每周介绍两个餐饮客户，共 10 个餐饮客户参与其中。

餐饮渠道部根据 PAC 部门活动要求，挑选 10 个特色餐饮，与金报记者共同拜访这些餐饮门店，介绍餐饮美食，增进客情关系，如图 11 －20 所示。

图 11 －20　介绍餐饮美食专栏

连续五周专栏推出后，再邀请这些门店的餐饮负责人去装瓶厂参观生产线、文化馆、会见装瓶厂总经理、授牌，增强餐饮门店的合作信心，如图 11 －21 所示。

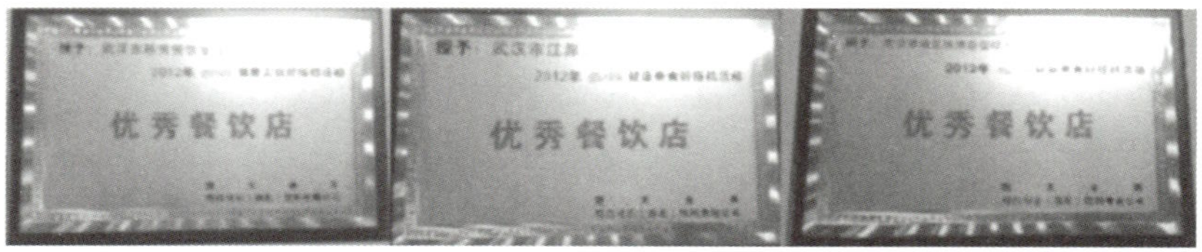

图 11 －21　授牌

第十二部分

餐饮 O2O 和外卖 O2O

一　餐饮 O2O 和外卖 O2O 介绍

餐饮市场由于本身线下体量巨大且具有高频、刚需、容易规模化的特征，用户培育与市场拓展难度相对较小，因而发展最为成熟。目前餐饮 O2O 全产业链正在加速打通，“互联网 + 餐饮”已覆盖半成品餐饮、餐饮企业服务管理、网络订餐和互动分享全流程服务。未来随着用户消费习惯的改变，餐饮 O2O 占本地生活 O2O 整体市场份额不断上升，餐饮 O2O 将迎来更快发展。

艾瑞咨询对餐饮 O2O 和外卖 O2O 的定义：

餐饮 O2O：餐饮交易与服务同时涉及线上流程（包括但不限于支付、下单等）和线下实体服务或体验。包括：商家通过让利，吸引消费者在线下下单，然后线下消费；以菜谱为切入点建立社区，锁定目标用户，通过平台自身的用户黏度，引导用户完成线上下单的交易闭环；餐饮商户将产品通过外送的方式销售出去的外卖服务；为餐饮企业提供软件工具类产品服务等。

外卖 O2O：是指以互联网为媒介，连接用户与线下餐饮企业，借助互联网信息平台，以外卖资源整合为核心，以用户需求为导向，为用户提供丰富的外卖信息及便捷的外卖服务，使用户可以足不出户进行订餐，并享受外卖服务。同时，为餐饮企业提供了一个新的销售和营销渠道，实现营业规模的扩张。

中国餐饮 O2O 全产业链如图 12－1 所示。

餐饮 O2O 及外卖市场规模如图 12－2 所示。

餐饮 O2O 和外卖市场规模在即将发生的几年时间，将呈现爆发式增长。尽管酒水饮料在餐饮 O2O 和外卖市场规模里占比非常小，但是随着餐饮 O2O 和外卖市场的快速增长期待有一个很大的增长。

图 12-1　中国餐饮 O2O 全产业链

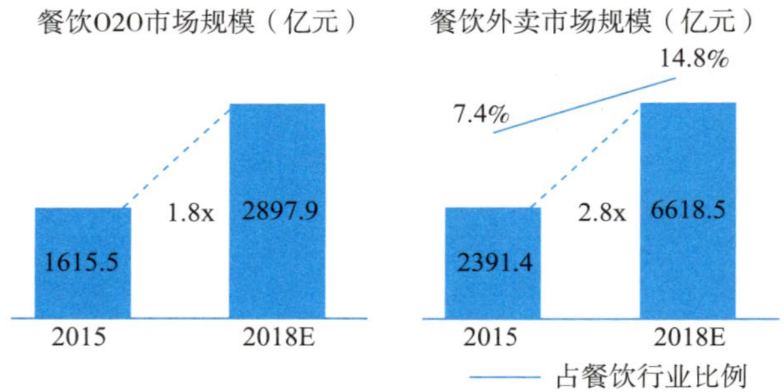

图 12-2　餐饮 O2O 及外卖市场规模

二　如何与餐饮 O2O、外卖平台合作

1. 餐饮 O2O 的行业类型

餐饮 O2O 的行业类型如图 12-3 所示。

1.1　餐饮外卖

用户以外卖平台为搜索路径，以美食和快餐为窗口的餐饮外卖选择方式，用户通过 APP 线上搜索、选择餐饮美食，享受外卖服务。商户在线下通过引进品牌企业产品，进行线上线下套餐的推广，消费者既可以在线下堂食体验，又可以线上享受外卖服务的套餐。品牌企业借助商户端产品的引进，获得线上线下不同消费场景的销售。如图 12－4 所示。

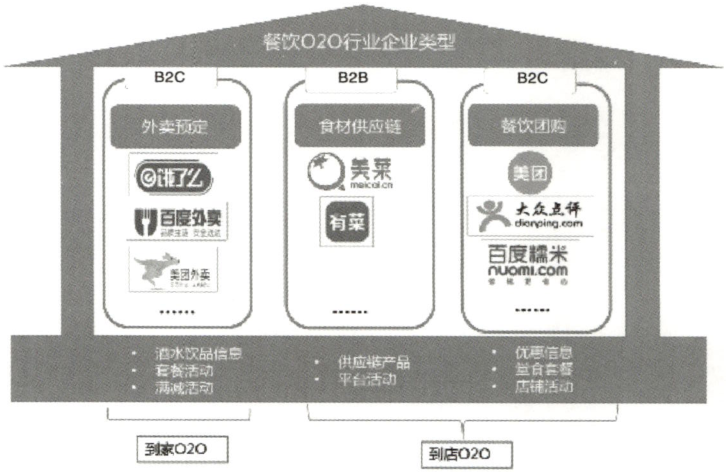

图 12－3 餐饮 O2O 的行业类型

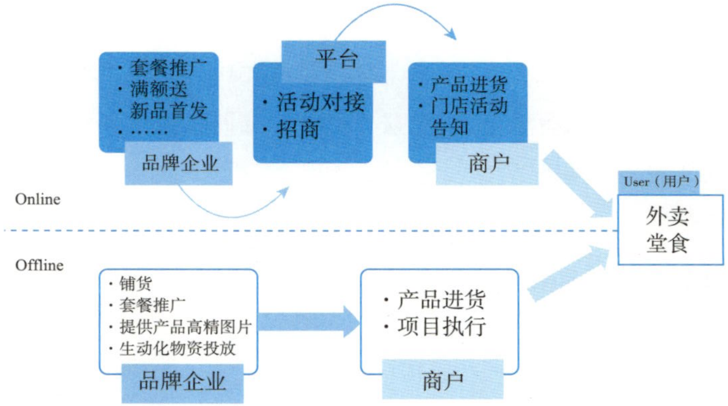

图 12－4 餐饮外卖

外卖产品选择：外卖起订价格在 20 元以上，外卖平台提供各商家满减活动信息，酒水饮品既作为满减活动凑单所需，又可以作为搭配套餐所用。为了方便配送及后厨打包，产品的规格选择一般在 200～400ml，满足个人即饮所需，产品价格在 3～5 元为宜，既可参加满减凑单活动，价格又在外卖订单总额的范围之内。

因此无论线上（Online）外卖活动还线下（Offline）堂食套餐活动，品牌企业都必须从商户端着手进行产品铺货输入，提供增值服务，打造共生共融的 O＋O 模式（Online＋Offline），才可以带来线上线下的持续销售和品牌的展示。

1.2 线上供应链平台

线上供应链可以解决中小型餐饮的采购痛点，中小型餐厅时间和人力有限，需求种类多，但需求量少。在传统采购市场中处于劣势，线上供应链平台可以解决中小型餐饮信息获取难、选择范围小、选择成本高的问题，帮助中小型餐饮标准化。

线上供应链 B2B 旨在打通流通环节，串联起生产者和餐厅经营者，降低损耗，缩短产品流通环节，降低商户供应链成本，提高运营效率。线上供应链平台以中小型餐饮商户为切入点，为餐厅提供前厅和后厨一站式、全品类、更新鲜的餐饮原材料采购服务。随着 B2B 线上供应链在各城市的快速建仓，一些中小餐饮商户纷纷拥抱供应链平台。品牌企业应乘势打通供应链平台，提供产品和服务，加速餐饮渠道的覆盖。同时结合平台，做好新品首发、进货支持、促销支持等，提升品牌展示机会。

1.3 餐饮团购

消费者（User）通过线上团购信息在线购买并支付，线下体验/消费完成交易。团购平台由早期的补贴烧钱，开始转向注重商家赋能，帮助其在流量、会员管理、精准营销、数据化运营方面进行提升，同时提升自身造血功能。品牌企业在平台上的营销有助于增加线上流量入口，同时通过精准化的商户选择，提升不同人群对不同餐饮消费场景的选择，完成用户的预定、进入店铺、消费或支付的消费闭环。品牌企业与餐饮团购的结合一般通过新品首发、新品尝鲜、换购、消费券的形式获得团购网的平台占位，产品定向聚焦商户，获得品牌营销、线下商户产品销售的双结合。

2. 活动案例

2.1 康师傅系列饮品满赠活动

满赠活动如图 12－5、图 12－6 所示。

活动时间：10 月 27 日—11 月 20 日。

活动城市：北京、西安、上海、杭州、南京、无锡、苏州、武汉、广州、深圳、福州、厦门。

活动目的：

- 通过冰糖雪梨、酸梅汤与油腻、麻辣、重油、重口味的美食的结合，让食客体验甘甜清润、清爽解腻好滋味，如图 12 – 6 所示。
- 推动更多的餐饮门店销售与活跃。

图 12 – 5 康师傅系列饮品满赠活动

图 12 – 6 饮品与美食结合

活动计划如图 12 – 7 所示。

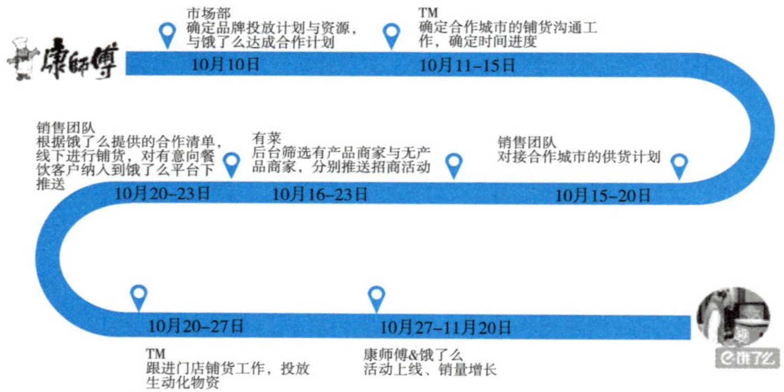

图 12－7　活动计划

饿了么和有菜介绍：

饿了么：已覆盖中国 1000 多个城市，注册用户 2 亿多，聚集了超 100 万家餐饮商户。其中，品牌餐厅 5 万多家，日交易额突破 3 亿元，日订单量突破 1000 万单，交易额 99.5% 来自移动端。

有菜：是饿了么旗下的线上食材采购平台，专为餐厅提供食材购买、物流配送、支付计算等一站式服务，目前已覆盖上海、北京、深圳等全国八大城市。包含蔬菜水果、米面粮油、禽蛋肉类、酒水饮料、调料干货、水产冻品、餐厨用品、半成品八大类。2016 年上线以来，有菜合作商户超过 10 万家。打通有菜合作商户，让其成为开发餐饮渠道的有利补充，同时结合饿了么平台餐饮客户，实现线上线下销售闭环。

Step1：活动对接

如图 12－8 所示，有菜推送招商活动，筛选有产品商家和无产品商家，各区域销售团队全面对接活动的 12 个城市有菜商城，与有菜商城签订供货协议。同时，让有意向纳入平台活动的客户同饿了么进行对接，线上既拓展了新客户，又强化了已合作客户关系。

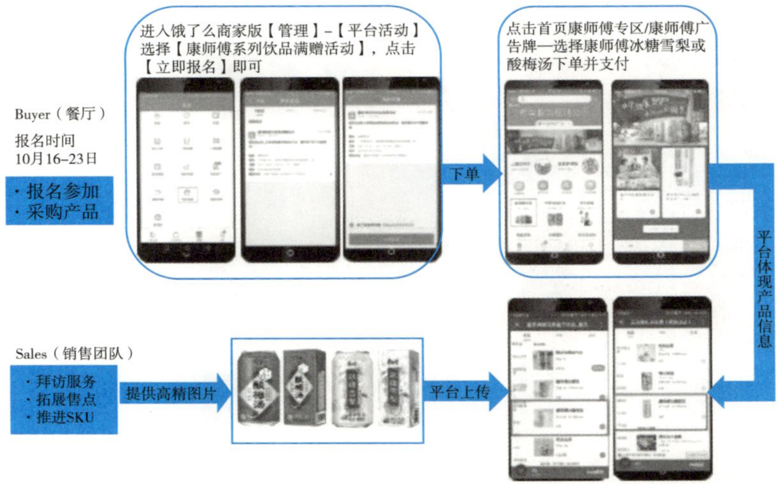

图 12－8　活动对接

Step2：平台展示计划

如图 12－9 所示，平台客户通过窗口展示机会，引入更多流量，带来更多外卖订单，增加用户黏度。

Step3：用户体验

如图 12－10 所示，用户通过窗口界面，获得优惠信息，到指定餐厅选择美食，下单享受满额送。

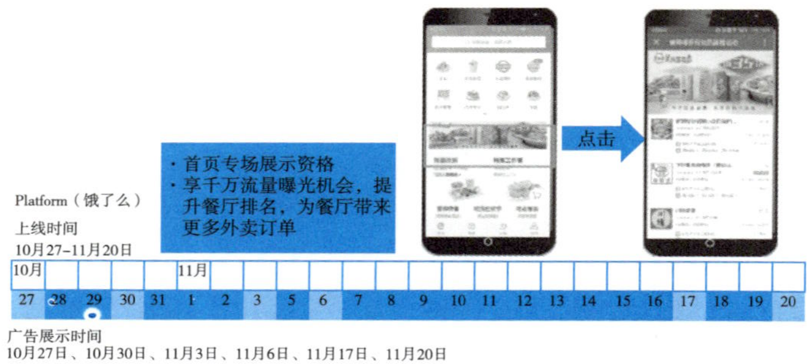

图 12－9　平台展示计划

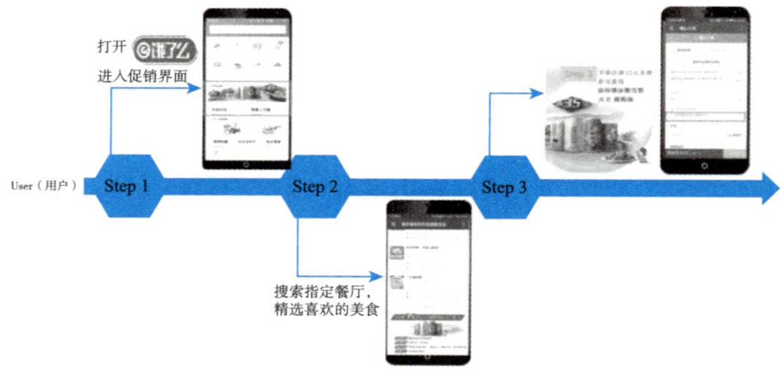

图 12－10　用户体验

如图 12－11 所示，通过该活动的推送，打通餐饮门店酒水饮料进货路径，覆盖更多的餐饮门店。因此，对上述满额送活动进行同步推送，实现供应链支持、B 端进货、线上点购活动推送、线下体验的闭环操作。

2.2　七喜低糖新品上市试饮活动

以往新品上市，大多数品牌企业通过 KA 卖场开展 Road Show、商圈旺点展开小型 CP 活动来拦截消费者，通过试饮、促

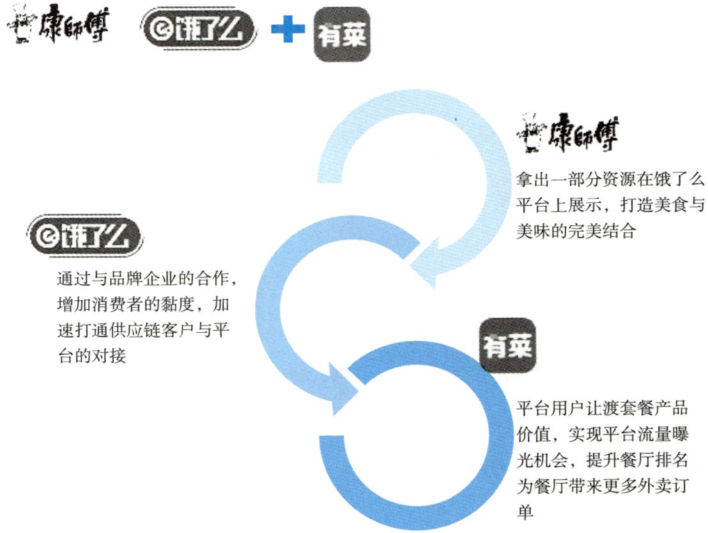

图 12－11　打通餐饮门店酒水饮料进货路径

销活动招募更多的消费群体，提升品牌的忠诚度。随着消费场景的变化，消费者购物渠道的多样性，年轻消费群体不再青睐这种促销和试饮形式。而这种 Road Show、CP 活动又受到场地限制、人员费用、物料等费用居高不下的限制，需要一种消费场景与其有效连接，既能聚焦消费群体，又能在消费场景中找到结合点，还可以获得新场景的持续销售机会。与餐饮团购网的结合，就是很好解决方案，如图 12－12 所示。

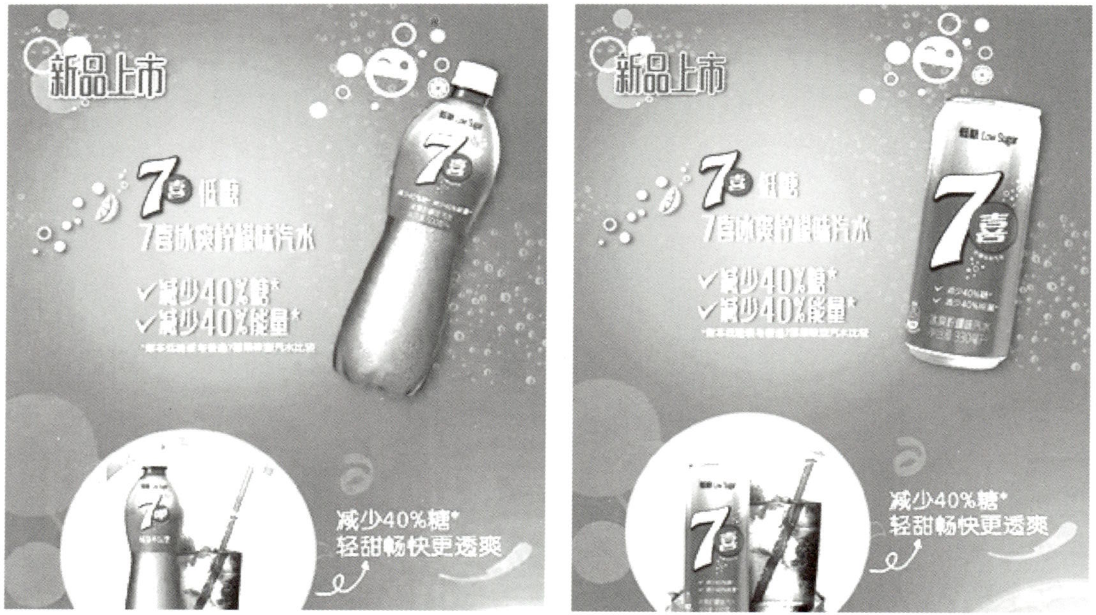

图 12 – 12　七喜低糖新品上市试饮活动

活动时间：9 月 21 日—10 月 26 日。

参与城市：武汉。

活动目的：

- 通过 1 元试饮活动招募更多的年轻消费群体。
- 线上线下联动，获得更多的品牌展示机会。
- O2O 场景营销，推动更多的餐饮门店销售。

活动行事历如图 12 – 13 所示。

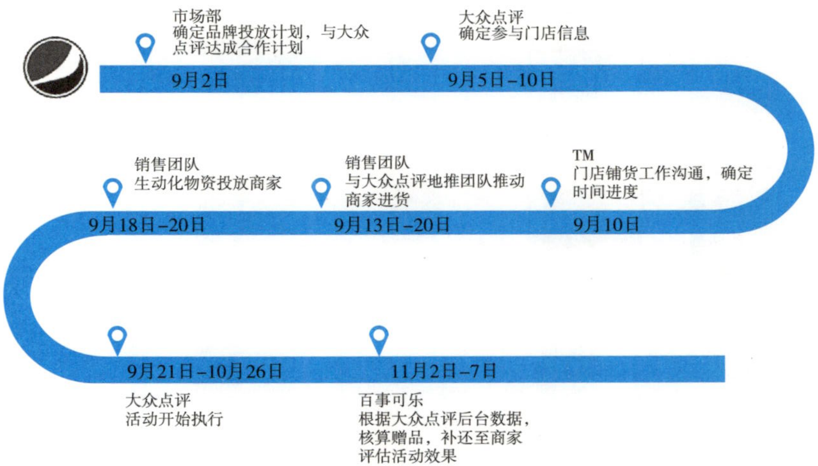

图 12 – 13　活动行事历

参与方式如图 12－14 所示。

图 12－14　参与方式

第十三部分

餐饮渠道的发展趋势

一　餐饮行业发展趋势

国家统计局2018年1月18日最新发布数据显示，2017年12月，全国餐饮收入3689亿元，同比增长10.1%。2017年全年，全国餐饮收入39644亿元，同比增长10.7%。餐饮市场增长平稳，市场规模持续扩大，餐饮消费者信心进一步提升。如图13－1所示。

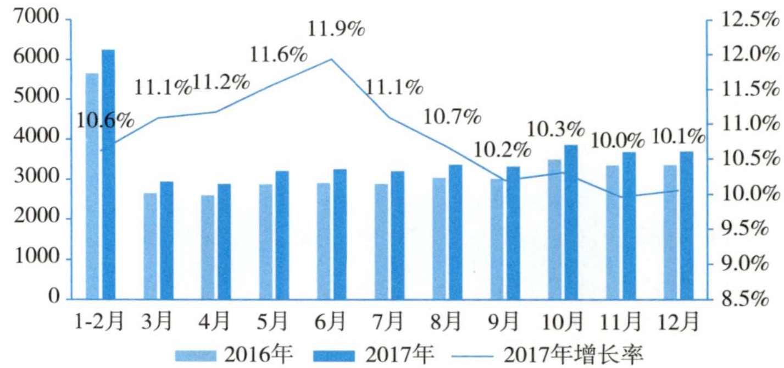

图13－1　餐饮行业营收

数据来源：国家统计局。

餐饮业从满足普遍需求出发，覆盖多层次多样化消费结构，深入推进供给侧结构性改革。在普遍需求驱动下，餐饮市场呈现出新的发展特点。

1. 打造多品牌矩阵效应

为了迎合消费者愈加多样化的消费需求，餐饮企业采取多品牌、多层次、多元化、多渠道（中高档中餐、西餐、美食广场等）的运作模式，打造多品牌矩阵效应，谋求全国或区域布局，成为各大餐饮企业常用的扩张方式，以高人流量的商圈展开布局。

2. 高端餐饮消费疲软，大众化餐饮需求旺盛

受大环境影响，高端餐饮消费疲软，大众化餐饮需求旺盛。高端餐饮积极转型，打破中高端餐饮结构框架。大众化餐饮由于刚性需求，增长稳定，因其经济实惠、方便快捷的特点，越来越受到消费者的认可和欢迎，成为推动整个行业企稳回暖的中流砥柱。

3. 餐饮行业面临高成本、低利润的运营现实压力

“四高”：房租、用工成本、原材料、水电高。

“一低”：利润低。

餐饮行业成本居高不下、利润空间严重挤压，成为餐饮行业发展的一个新常态。餐饮企业不断调整管理模式，努力以创新抓机遇，以转型求突破。

4. 打造中央厨房或区域配送物流中心

越来越多的餐饮企业为了规模化，开始去“厨师化”。在探索转型发展的过程中，很多餐饮企业从种植业、养殖业着手，搭建餐饮业食品和原材料的采购追溯体系，实现各环节实时、动态监测，确保从“农田到餐桌”实现“舌尖上的安全”全过程管控。大大缩短中间供应链环节，优选各地食材，严把食材采购关。同时，有利于减少居高不下的门店仓库租金，

提高门店单位面积使用坪效，最大化门店单位面积贡献率。中央厨房将食材加工成成品或半成品，减少门店用工。各门店根据每日实际需求，中央厨房精准配送，提高了门店整体运营效率。未来连锁规模化扩张持续进行中。

5. 餐饮业渐成商业综合体的主力军

城市化进程，各地城市综合体快速发展，在互联网销售的冲击下，服饰业、百货零售业双双走向低迷，商业综合体是集社交、休闲、娱乐、学习、购物等多功能的城市休闲生活目的地。餐饮在商业综合体中的占比持续上升，成为商业综合体名副其实的“主打牌”。餐饮对客流量的巨大拉动优势，使品牌餐饮企业逐渐成为商业综合体竞相争取的对象。一些餐饮企业与国内大型连锁商业地产公司进行联动，确保与商业综合体一起享受客流福利。连锁商业综合体所提供的稳定平台、吸引的消费人群及良好的基础设施建设，与餐厅的品牌效应优势互补，双方捆绑发展有利于降低成本和提升扩张计划性，盘活了传统商业综合体的经营模式。新型商业综合体和购物中心正在迅速调整商业结构，购物、餐饮、娱乐的比例格局通常为7∶2∶1，如今已普遍形成了5∶3∶2，一些新开的商业综合体中餐饮的比重更是升至总量的40%～50%。对于餐饮企业来说，“傍”住商业综合体的“借光”战略也日益成为选址的优先选择。

6. 互联网技术整合传统餐饮业资源，外卖发展迅速

互联网应用飞速发展，传统餐饮行业与互联网相结合成为必然，搭建餐饮业互联网采购平台的商机被看好。在此背景下已诞生诸多餐饮产业链整合平台，为企业提供涵盖供应链服务、大数据等多项服务。美菜网2014年成立，快速在全国21个城市10万多家餐饮开展供应链服务，为中低档餐饮提供前厅、后厨产品服务，解决中小餐饮老板起早（采购食材）摸黑（营业时间）的经营痛点。同时，美菜网积极拓展种植、养殖基地，打通田间到地头的快速供应链通路。

信息技术在餐饮业的应用逐步深入，“互联网＋餐饮”发展日渐成熟，大数据应用于运营管理当中，外卖外送市场普遍

需求增加。许多餐饮企业携手外卖平台，推出送餐服务。一些餐饮企业利用“门店辐射 + 会员服务 + 线上营销”扩大餐饮市场。行业统计数据显示，外卖比重迅速增长。2015 年我国餐饮外卖市场占整个餐饮市场消费的比重是 7.4%；2016 年外卖市场占整个餐饮市场消费的比重达 10%，达到 3500 亿元。根据中国烹饪协会的预测，2018 年外卖市场占整个餐饮市场消费的比重有望达到 15% 左右。预计 2018 年在线订餐用户将超过 3 亿人次。得益于线上消费发力和送餐能力提升，外卖呈现爆发式增长，越来越成为餐饮企业一个重要的销售渠道。

二　餐饮渠道发展趋势

1. 餐饮组织的变化

餐饮渠道的发展是随着餐饮行业的发展而变化，随着餐饮行业连锁化、规模化及中央厨房的推进，连锁餐饮快速发展，对餐饮组织能力的提升提出了更大的挑战。餐饮业代、主任需要有专业的技能，更好地服务餐饮客户；餐饮经理需要协调好内外部资源，强化餐饮客户的合作。与此同时，更多的直营客户将纳入客户管理系统，餐饮业代、主任的回款将成为他们 KPI 考核的一部分。U1 餐饮发展规模化和连锁化后，发展空间有限，但 U2 和 C 类城市化进程加快，餐饮呈蓬勃发展态势，一些全国、区域、地方连锁餐饮企业纷纷下沉至三四线城市，需要有专职的餐饮团队开发和维护餐饮客户。应客户发展的变化，餐饮组织架构也发生相应的变化，如图 13 – 2 所示。

2. 产品定制化

餐饮企业规模化后，我们除了满足其不同区域开店提供良好的供应链服务外，餐饮企业在规模化、体量上达到要求后，对品牌企业提出了更高的要求。大部分品牌企业在餐饮渠道售卖的产品与传统渠道售卖的产品规格和包装是一致的，价格

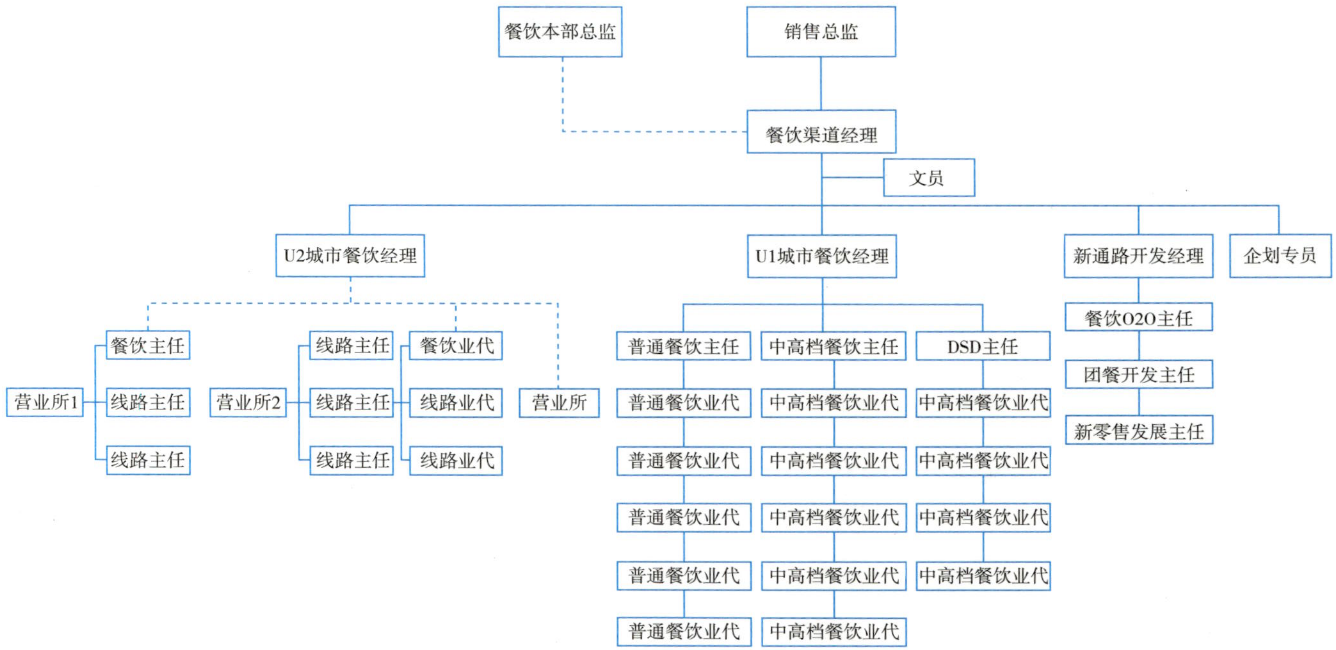

图 13－2　餐饮组织架构

透明，很难满足餐饮企业对利润的需求，同时产品不够个性化，很难满足消费者在店内的体验需求。于是，餐饮企业对品牌企业提出了定制产品需求，这就对品牌企业的生产、供应链、服务提出了更高要求。一旦工业生产和供应链能满足餐饮企业的发展需要，就无形增加了餐饮企业与品牌合作的黏性，可能会为不同的餐饮品牌企业提供不同产品的需求。

3. 外卖及供应链服务

据美团点评研究院发布的《2017 年中国外卖发展研究报告》显示，中国在线外卖市场 2017 年市场规模约为 2046 亿元，较上一年增长 23%，在线订餐用户规模接近 3 亿人。餐饮外卖外送经过井喷式增长之后，正在步入稳定发展期。外卖新格局还引入了包括早餐、团餐、下午茶、夜宵等多重场景，满足消费者各时段需求，提供“全天候”餐饮服务。越来越多的餐饮企业，尤其是正餐，都开始研究外卖外送的模式和产品。品牌企业应充分利用外卖平台数据资源，新品首发，可以精准人群营销，结合线上资源，推动线下门店铺货和套餐的执行。如图 13－3 所示。

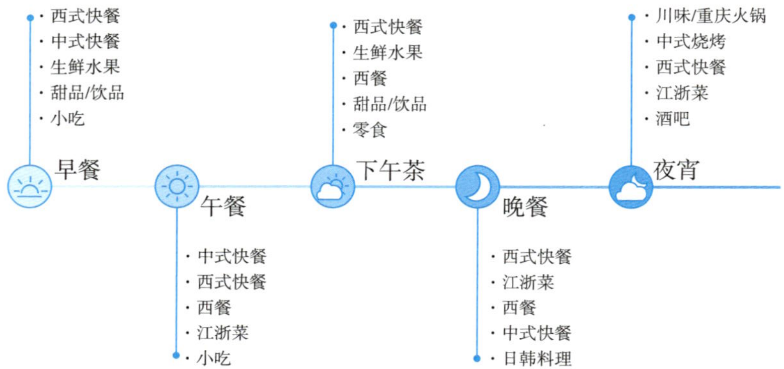

图 13－3 “全天候”餐饮服务

另外，越来越多的餐饮企业在规模化后，都在考虑供应链体系和工业化。专业的事应该交给专业的人来做，把后端的工业化、标准化做到可复制，谋求全国餐饮布局。提前做好该类型客户的合作，快速打开餐饮企业供应链前端客户，可起到事半功倍的作用。

4. 餐饮新零售

互联网平台渗透传统渠道已经很深入了，现在开始渗透餐饮渠道。餐饮渠道相对比较难整合进新零售，餐饮企业对食材的存储、运输要求非常高，传统的供应链系统暂时无法满足餐饮企业的发展所需。所以，现在一些互联网先通过与品牌商或经销商合作，从比较容易拓展的餐饮中小店开始，通过品类组合优势，为餐饮门店前厅提供一站式产品解决方案，从而获得流量和流水。与此同时，通过自建仓库货、冷库，打通供应链系统，逐步对餐饮前厅产品和后厨食材进行打包。在对线下普通餐饮进行包抄后，逐步转向中高档餐饮拓展，最后形成互联网平台为餐饮门店后端提供供应链服务，前端为消费者提供门店筛选、决策、消费、支付、点评等消费闭环。通过数据洞察，为餐饮门店提供精准供应服务，每个周期需要供应什么、需要供应多少量、门店的选址、人群的聚焦、消费者画像、开什么类型的餐饮店等，为餐饮企业提供一揽子生意解决方案。互联网通过前端消费者画像信息，根据消费者所需，将信息传递给各品牌企业，品牌企业根据消费者所需，为餐饮企业定制化产品，为消费者提供个性化产品服务。互联网将与品牌企业打造共生共融的生态圈，进一步缩短中间供应链环节，

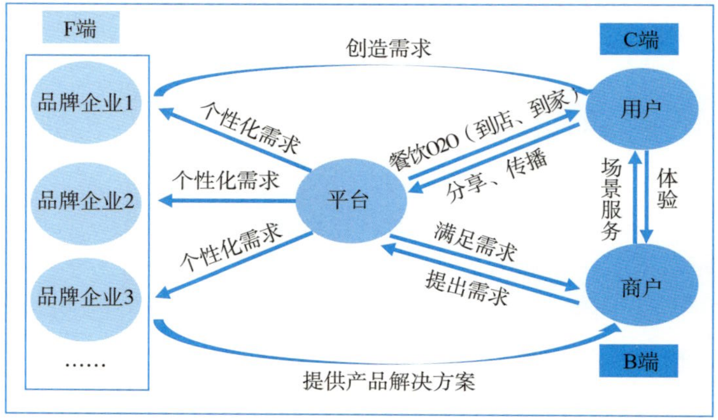

图 13－4　餐饮新零售

使消费者触达产品效率大为提升。如图 13 –4 所示。

5. 餐饮渠道发展制胜的关键

在餐饮新趋势不断变化的过程中，呈现出市场个性化、特色化、体验化等新需求。但餐饮企业不变的核心是出品和服务。无论餐饮行业发生什么样的变化，客户在哪里，不变的是我们的服务就在哪里。因应客户的变化，我们的组织与之适应的变化，不断满足消费者的需求和餐饮客户的需求，为客户创造价值。如图 13 –5 所示。

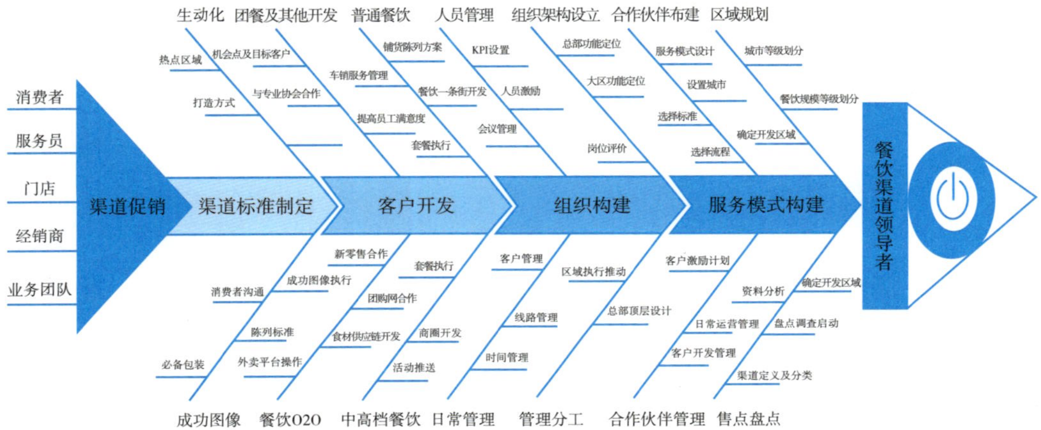

图 13 –5　餐饮渠道发展制胜的关键

附　录

文中的常用英文缩写

M = Metro 特大城市（北京、上海、广州、深圳特大城市）

U1 = Urban 1 省会城市、直辖市

U2 = Urban 2 地级市

C = County 县或县级市

HO = Head Office 总部

DSD = Direct Store Delivery 直营售点

DSS = Direct Store Service 直接服务售点

KA = Key Account 重点客户

MT = Morden Trade 现代渠道

TT = Traditional Trade 传统渠道

WS = Whole Saler 批发

SOM = Sales Office Manager 销售经理

SS = Sales Supervisor 销售主任

SR = Sales Representative 业务代表

MS = Marketing Service 销售企划

SA = Sales Assistant 销售助理

RTM——Route to Market "通向市场的路"，指各种销售模式

MEP = Market Execution Partner 市场执行合作伙伴

EP = Mid/High E&D Partner 中高档餐饮合作伙伴

DEP = Daily E&D Partner 普通餐饮合作伙伴

PC = Phisical Case 自然箱

Can 易拉罐

PET 塑料瓶

RB = Returnable Bottle 玻璃瓶

Shopping Mall 大型购物中心

DM = Direct Message 宣传单页

VPO——Volume per Outlet 单店销售

MIT = Market Impact Team 市场冲击

KPI = Key Performance Indicator 关键绩效指标

SKU = Stock Keeping Unit 单品/品牌

POS = Picture of Success 成功图像

Plan Call 计划拜访客户数

POI = Point Of Interruption 热点或干扰点

企业案例 · 老板传记

	书名．作者	内容/特色	读者价值
企业案例·老板传记	**你不知道的加多宝:原市场部高管讲述** 曲宗恺　牛玮娜　著	前加多宝高管解读加多宝	全景式解读,原汁原味
	借力咨询:德邦成长背后的秘密 官同良　王祥伍　著	讲述德邦是如何借助咨询公司的力量进行自身 与发展的	来自德邦内部的第一线资料,真实、珍贵,令人受益匪浅
	娃哈哈区域标杆:豫北市场营销实录 罗宏文　赵晓萌　等著	本书从区域的角度来写娃哈哈河南分公司豫北市场是怎么进行区域市场营销,成为娃哈哈全国第一大市场、全国增量第一高市场的一些操作方法	参考性、指导性,一线真实资料
	六个核桃凭什么:从 0 过 100 亿 张学军　著	首部全面揭秘养元六个核桃裂变式成长的巨著	学习优秀企业的成长路径,了解其背后的理论体系
	像六个核桃一样:打造畅销品的 36 个简明法则 王　超　范　萍　著	本书分上下两篇:包括“六个核桃”的营销战略历程和 36 条畅销法则	知名企业的战略历程极具参考价值,36 条法则提供操作方法
	解决方案营销实战案例 刘祖轲　著	用 10 个真案例讲明白什么是工业品的解决方案式营销,实战、实用	有干货、真正操作过的才能写得出来
	招招见销量的营销常识 刘文新　著	如何让每一个营销动作都直指销量	适合中小企业,看了就能用
	我们的营销真案例 联纵智达研究院　著	五芳斋粽子从区域到全国/诺贝尔瓷砖门店销量提升/利豪家具出口转内销/汤臣倍健的营销模式	选择的案例都很有代表性,实在、实操!
	中国营销战实录:令人拍案叫绝的营销真案例 联纵智达　著	51 个案例,42 家企业,38 万字,18 年,累计 2000 余人次参与……	最真实的营销案例,全是一线记录,开阔眼界
	双剑破局:沈坤营销策划案例集 沈　坤　著	双剑公司多年来的精选案例解析集,阐述了项目策划中每一个营销策略的诞生过程,策划角度和方法	一线真实案例,与众不同的策划角度令人拍案叫绝、受益匪浅
	宗:一位制造业企业家的思考 杨　涛　著	1993 年创业,引领企业平稳发展 20 多年,分享独到的心得体会	难得的一本老板分享经验的书
	简单思考:AMT 咨询创始人自述 孔祥云　著	著名咨询公司(AMT)的 CEO 创业历程中点点滴滴的经验与思考	每一位咨询人,每一位创业者和管理经营者,都值得一读
	边干边学做老板 黄中强　著	创业 20 多年的老板,有经验、能写、又愿意分享,这样的书很少	处处共鸣,帮助中小企业老板少走弯路
	三四线城市超市如何快速成长:解密甘雨亭 IBMG 国际商业管理集团　著	国内外标杆企业的经验 + 本土实践量化数据 + 操作步骤、方法	通俗易懂,行业经验丰富,宝贵的行业量化数据,关键思路和步骤
	中国首家未来超市:解密安徽乐城 IBMG 国际商业管理集团　著	本书深入挖掘了安徽乐城超市的试验案例,为零售企业未来的发展提供了一条可借鉴之路	通俗易懂,行业经验丰富,宝贵的行业量化数据,关键思路和步骤

续表

	书名．作者	内容/特色	读者价值
互联网+	**新营销** 刘春雄　著	新营销的新框架体系是场景是产品逻辑，IP 是品牌逻辑，社群是连接逻辑，传播是营销逻辑	助力品牌商实现由传统营销到新营销的理念和行动的跨越，助力企业打赢升级转型之仗
互联网+	**企业微信营销全指导** 孙　巍　著	专门给企业看到的微信营销书，手把手教企业从小白到微信营销专家	企业想学微信营销现在还不晚，两眼一抹黑也不怕，有这本书就够
互联网+	**企业网络营销这样做才对：B2B　大宗 B2C** 张　进　著	简单直白拿来就用，各种窍门信手拈来，企业网络营销不麻烦也不用再头疼，一般人不告诉他	B2B、大宗 B2C 企业有福了，看了就能学会网络营销
互联网 +			
	书名．作者	内容/特色	读者价值
互联网+	**互联网时代的银行转型** 韩友诚　著	以大量案例形式为读者全面展示和分析了银行的互联网金融转型应对之道	结合本土银行转型发展案例的书籍
互联网+	**正在发生的转型升级·实践** 本土管理实践与创新论坛　著	企业在快速变革期所展现出的管理变革新成果、新方法、新案例	重点突出对于未来企业管理相关领域的趋势研判
互联网+	**触发需求：互联网新营销样本·水产** 何足奇　著	传统产业都在苦闷中挣扎前行，本书通过鲜活的案例告诉你如何以需求链整合供应链，从而把大家熟知的传统行业打碎了重构、重做一遍	全是干货，值得细读学习，并且作者的理论已经经过了他亲自操刀的实践检验，效果惊人，就在书中全景展示
互联网+	**移动互联新玩法：未来商业的格局和趋势** 史贤龙　著	传统商业、电商、移动互联，三个世界并存，这种新格局的玩法一定要懂	看清热点的本质，把握行业先机，一本书搞定移动互联网
互联网+	**微商生意经：真实再现 33 个成功案例操作全程** 伏泓霖　罗晓慧　著	本书为 33 个真实案例，分享案例主人公在做微商过程中的经验教训	案例真实，有借鉴意义
互联网+	**阿里巴巴实战运营——14 招玩转诚信通** 聂志新　著	本书主要介绍阿里巴巴诚信通的十四个基本推广操作，从而帮助使用诚信通的用户及企业更好地提升业绩	基本操作，很多可以边学边用，简单易学
互联网+	**互联网精准营销：创造爆发式的商业价值** 蒋　军　著	怎么在互联网时代整体策划、包装品牌和产品，并在此基础上为企业设计商业模式，技术实现并运营落地	为有基础的小微企业（大企业的新项目）1 年实现销售额过亿，2 年对接资本，3 年左右准 IPO
互联网+	**今后这样做品牌：移动互联时代的品牌营销策略** 蒋　军　著	与移动互联紧密结合，告诉你老方法还能不能用，新方法怎么用	今后这样做品牌就对了
互联网+	**互联网 +“变”与“不变”：本土管理实践与创新论坛集萃·2016** 本土管理实践与创新论坛　著	本土管理领域正在产生自己独特的理论和模式，尤其在移动互联时代，有很多新课题需要本土专家们一起研究	帮助读者拓宽眼界、突破思维
互联网+	**创造增量市场：传统企业互联网转型之道** 刘红明　著	传统企业需要用互联网思维去创造增量，而不是用电子商务去转移传统业务的存量	教你怎么在“互联网 +”的海洋中创造实实在在的增量
互联网+	**重生战略：移动互联网和大数据时代的转型法则** 沈　拓　著	在移动互联网和大数据时代，传统企业转型如同生命体打算与再造，称之为“重生战略”	帮助企业认清移动互联网环境下的变化和应对之道

续表

类别	书名、作者	内容/特色	读者价值
互联网+	**画出公司的互联网进化路线图：用互联网思维重塑产品、客户和价值** 李　蓓　著	18 个问题帮助企业一步步梳理出互联网转型思路	思路清晰、案例丰富，非常有启发性
互联网+	**7 个转变，让公司 3 年胜出** 李　蓓　著	消费者主权时代，企业该怎么办	这就是互联网思维，老板有能这样想，肯定倒不了
互联网+	**跳出同质思维，从跟随到领先** 郭　剑　著	66 个精彩案例剖析，帮助老板突破行业长期思维惯性	做企业竟然有这么多玩法，开眼界
行业类：零售、白酒、食品/快消品、农业、医药、建材家居等			
	书名、作者	内容/特色	读者价值
零售·超市·餐饮·服装	**总部有多强大，门店就能走多远** IBMG 国际商业管理集团　著	如何把总部做强，成为门店的坚实后盾	了解总部建设的方法与经验
零售·超市·餐饮·服装	**超市卖场定价策略与品类管理** IBMG 国际商业管理集团　著	超市定价策略与品类管理实操案例和方法	拿来就能用的理论和工具
零售·超市·餐饮·服装	**连锁零售企业招聘与培训破解之道** IBMG 国际商业管理集团　著	围绕零售企业组织架构、培训体系建设等内容进行深刻探讨	破解人才发现和培养瓶颈的关键点
零售·超市·餐饮·服装	**中国首家未来超市：解密安徽乐城** IBMG 国际商业管理集团　著	介绍了乐城作为中国首家未来超市从无到有的传奇经历	了解新型零售超市的运作方式及管理特色
零售·超市·餐饮·服装	**三四线城市超市如何快速成长：解密甘雨亭** IBMG 国际商业管理集团　著	揭秘一家三四线连锁超市的经验策略	不但可以欣赏它的优点，而且可以学会它成功的方法
零售·超市·餐饮·服装	**涨价也能卖到翻** 村松达夫　【日】	提升客单价的 15 种实用、有效的方法	日本企业在这方面非常值得学习和借鉴
零售·超市·餐饮·服装	**移动互联下的超市升级** 联商网专栏频道　著	深度解析超市转型升级重点	帮助零售企业把握全局、看清方向
零售·超市·餐饮·服装	**手把手教你做专业督导：专卖店、连锁店** 熊亚柱　著	从督导的职能、作用，在工作中需要的专业技能、方法，都提供了详细的解读和训练办法，同时附有大量的表单工具	无论是店铺需要统一培训，还是个人想成为优秀的督导，有这一本就够了
零售·超市·餐饮·服装	**百货零售全渠道营销策略** 陈继展　著	没有照本宣科、说教式的絮叨，只有笔者对行业的认知与理解，庖丁解牛式的逐项解析、展开	通俗易懂，花极少的时间快速掌握该领域的知识及趋势
零售·超市·餐饮·服装	**零售：把客流变成购买力** 丁　昀　著	如何通过不断升级产品和体验式服务来经营客流	如何进行体验营销，国外的好经营，这方面有启发
零售·超市·餐饮·服装	**餐饮企业经营策略第一书** 吴　坚　著	分别从产品、顾客、市场、盈利模式等几个方面，对现阶段餐饮企业的发展提出策略和思路	第一本专业的、高端的餐饮企业经营指导书

续表

	电影院的下一个黄金十年：开发·差异化·案例 李保煜　著	对目前电影院市场存大的问题及如何解决进行了探讨与解读	多角度了解电影院运营方式及代表性案例
	赚不赚钱靠店长：从懂管理到会经营 孙彩军　著	通过生动的案例来进行剖析，注重门店管理细节方面的能力提升	帮助终端门店店长在管理门店的过程中实现经营思路的拓展与突破
耐消品	**商用车经销商运营实战** 杜建君　王朝阳　章晓青　等著	从管理到经营，从销售到服务，系统化运作全指导	为经销商经营开阔思路，掌握方法
耐消品	**汽车配件这样卖：汽车后市场销售秘诀 100 条** 俞士耀　著	汽配销售业务员必读，手把手教授最实用的方法，轻松得来好业绩	快速上岗，专业实效，业绩无忧
耐消品	**跟行业老手学经销商开发与管理：家电、耐消品、建材家居** 黄润霖　著	全部来源于经销商管理的一线问题，作者用丰富的经验将每一个问题落实到最便捷快速的操作方法上去	书中每一个问题都是普通营销人亲口提出的，这些问题你也会遇到，作者进行的解答则精彩实用
白酒	**酒水饮料快消品餐饮渠道营销手册** 朱伟杰　著	主要针对快消品（酒水、饮料）的餐饮渠道，提供了区域、商圈、不同业态的规划和促销安排等多种工具，并提出了经销商、批发商等相关人员的管理方法	一本酒水饮料如何在餐饮渠道销售的全能手册，内容深入翔实，可以直接照搬套用，这样的便利简直千金不换
白酒	**白酒到底如何卖** 赵海永　著	以市场实战为主，多层次、全方位、多角度地阐释了白酒一线市场操作的最新模式和方法，接地气	实操性强，37 个方法、6 大案例帮你成功卖酒
白酒	**变局下的白酒企业重构** 杨永华　著	帮助白酒企业从产业视角看清趋势，找准位置，实现弯道超车的书	行业内企业要减少 90%，自己在什么位置，怎么做，都清楚了
白酒	**1. 白酒营销的第一本书（升级版）** **2. 白酒经销商的第一本书** 唐江华　著	华泽集团湖南开口笑公司品牌部长，擅长酒类新品推广、新市场拓展	扎根一线，实战
白酒	**区域型白酒企业营销必胜法则** 朱志明　著	为区域型白酒企业提供 35 条必胜法则，在竞争中赢销的葵花宝典	丰富的一线经验和深厚积累，实操实用
白酒	**10 步成功运作白酒区域市场** 朱志明　著	白酒区域操盘者必备，掌握区域市场运作的战略、战术、兵法	在区域市场的攻伐防守中运筹帷幄，立于不败之地
白酒	**酒业转型大时代：微酒精选 2014－2015** 微酒　主编	本书分为五个部分：当年大事件、那些酒业营销工具、微酒独立策划、业内大调查和十大经典案例	了解行业新动态、新观点，学习营销方法
快消品·食品	**中国快消品营销的这些年** 史贤龙　著	作者精华文章的合集，一本书浓缩了过去十五年，中国营销的实战历程与前沿思考	快消品营销行业的案例和方法都原汁原味呈现，在反映当时风貌的同时，展望与反思
快消品·食品	**营销中国茶：2 小时读懂茶叶营销** 史贤龙　著	从不同视角对中国的茶营销进行了思考，内容涉及中国茶产业战略困境、茶企规模化、茶品牌崛起、茶文化、茶营销、茶消费、茶零售、茶道等	内容丰富扎实，文字流畅，浓缩的都是精华，让你 2 小时读懂茶叶营销

续表

快消品·食品	**这样打造快消品标杆市场** 罗宏文　著	帮助你解决如何成功打造标杆市场和进行持续增量管理两大问题	一套系统的方法论，通俗易懂，可以直接套用
	5 小时读懂快消品营销：中国快消品案例观察 陈海超　著	多年营销经验的一线老手把案例掰开了、揉碎了，从中得出的各种手段和方法给读者以帮助和启发	营销那些事儿的个中秘辛，求人还不一定告诉你，这本书里就有
	快消品招商的第一本书：从入门到精通 刘　雷　著	深入浅出，不说废话，有工具方法，通俗易懂	让零基础的招商新人快速学习书中最实用的招商技能，成长为骨干人才
	乳业营销第一书 侯军伟　著	对区域乳品企业生存发展关键性问题的梳理	唯一的区域乳业营销书，区域乳品企业一定要看
	食用油营销第一书 余　盛　著	10 多年油脂企业工作经验，从行业到具体实操	食用油行业第一书，当之无愧
	中国茶叶营销第一书 柏　龑　著	如何跳出茶行业“大文化小产业”的困境，作者给出了自己的观察和思考	不是传统做茶的思路，而是现在商业做茶的思路
	调味品营销第一书 陈小龙　著	国内唯一一本调味品营销的书	唯一的调味品营销的书，调味品的从业者一定要看
	快消品营销人的第一本书：从入门到精通 刘　雷　伯建新　著	快消行业必读书，从入门到专业	深入细致，易学易懂
	变局下的快消品营销实战策略 杨永华　著	通胀了，成本增加，如何从被动应战变成主动的“系统战”	作者对快消品行业非常熟悉、非常实战
	快消品经销商如何快速做大 杨永华　著	本书完全从实战的角度，评述现象，解析误区，揭示原理，传授方法	为转型期的经销商提供了解决思路，指出了发展方向
	一位销售经理的工作心得 蒋　军　著	一线营销管理人员想提升业绩却无从下手时，可以看看这本书	一线的真实感悟
	快消品营销：一位销售经理的工作心得 2 蒋　军　著	快消品、食品饮料营销的经验之谈，重点图书	来源与实战的精华总结
	快消品营销与渠道管理 谭长春　著	将快消品标杆企业渠道管理的经验和方法分享出来	可口可乐、华润的一些具体的渠道管理经验，实战
	成为优秀的快消品区域经理（升级版） 伯建新　著	用“怎么办”分析区域经理的工作关键点，增加 30% 全新内容，更贴近环境变化	可以作为区域经理的“速成催化器”
	销售轨迹：一位快消品营销总监的拼搏之路 秦国伟　著	本书讲述了一个普通销售员打拼成为跨国企业营销总监的真实奋斗历程	激励人心，给广大销售员以力量和鼓舞
	快消老手都在这样做：区域经理操盘锦囊 方　刚　著	非常接地气，全是多年沉淀下来的干货，丰富的一线经验和实操方法不可多得	在市场摸爬滚打的“老油条”，那些独家绝招妙招一般你问都是问不来的
	动销四维：全程辅导与新品上市 高继中　著	从产品、渠道、促销和新品上市详细讲解提高动销的具体方法，总结作者 18 年的快消品行业经验，方法实操	内容全面系统，方法实操

续表

农业	**新农资如何换道超车** 刘祖轲　等著	从农业产业化、互联网转型、行业营销与经营突破四个方面阐述如何让农资企业占领先机、提前布局	南方略专家告诉你如何应对资源浪费、生产效率低下、产能严重过剩、价格与价值严重扭曲等
	中国牧场管理实战：畜牧业、乳业必读 黄剑黎　著	本书不仅提供了来自一线的实际经验，还收入了丰富的工具文档与表单	填补空白的行业必读作品
	中小农业企业品牌战法 韩　旭　著	将中小农业企业品牌建设的方法，从理论讲到实践，具有指导性	全面把握品牌规划，传播推广，落地执行的具体措施
	农资营销实战全指导 张　博　著	农资如何向“深度营销”转型，从理论到实践进行系统剖析，经验资深	朴实、使用！不可多得的农资营销实战指导
	农产品营销第一书 胡浪球　著	从农业企业战略到市场开拓、营销、品牌、模式等	来源于实践中的思考，有启发
	变局下的农牧企业 9 大成长策略 彭志雄　著	食品安全、纵向延伸、横向联合、品牌建设……	唯一的农牧企业经营实操的书，农牧企业一定要看
医药	**在中国，医药营销这样做：时代方略精选文集** 段继东　主编	专注于医药营销咨询 15 年，将医药营销方法的精华文章合编，深入全面	可谓医药营销领域的顶尖著作，医药界读者的必读书
	医药新营销：制药企业、医药商业企业营销模式转型 史立臣　著	医药生产企业和商业企业在新环境下如何做营销？老方法还有没有用？如何寻找新方法？新方法怎么用？本书给你答案	内容非常现实接地气，踏实谈问题说方法
	医药企业转型升级战略 史立臣　著	药企转型升级有 5 大途径，并给出落地步骤及风险控制方法	实操性强，有作者个人经验总结及分析
	新医改下的医药营销与团队管理 史立臣　著	探讨新医改对医药行业的系列影响和医药团队管理	帮助理清思路，有一个框架
	医药营销与处方药学术推广 马宝琳　著	如何用医学策划把“平民产品”变成“明星产品”	有真货、讲真话的作者，堪称处方药营销的经典！
	医药行业大洗牌与药企创新 林延君　沈　斌　著	一方面，围绕着变革，多角度阐述药企的应对之道；另一方面，紧扣实践，介绍近百家医药企业创新实践案例	医改变革 10 年，医药企业如何应对大洗牌？重磅出击的药企人必读书
	新医改了，药店就要这样开 尚　锋　著	药店经营、管理、营销全攻略	有很强的实战性和可操作性
	电商来了，实体药店如何突围 尚　锋　著	电商崛起，药店该如何突围？本书从促销、会员服务、专业性、客单价等多重角度给出了指导方向	实战攻略，拿来就能用
	OTC 医药代表药店销售 36 计 鄢圣安　著	以《三十六计》为线，写 OTC 医药代表向药店销售的一些技巧与策略	案例丰富，生动真实，实操性强
	OTC 医药代表药店开发与维护 鄢圣安　著	要做到一名专业的医药代表，需要做什么、准备什么、知识储备、操作技巧等	医药代表药店拜访的指导手册，手把手教你快速上手

续表

类别	书名/作者	内容	评价
医药	**引爆药店成交率1:店员导购实战** 范月明　著	一本书解决药店导购所有难题	情景化、真实化、实战化
	引爆药店成交率2:经营落地实战 范月明　著	最接地气的经营方法全指导	揭示了药店经营的几类关键问题
	引爆药店成交率:专业化销售解决方案 范月明　著	药品搭配分析与关联销售	为药店人专业化助力
	处方药零售这样做 田　军　著	阐述了处方药零售的重要性,以及做处方药零售市场的具体措施和方法	系统性了解和掌握处方药零售方法
建材家居	**成为最赚钱的家具建材经销商** 李治江　著	从销售模式、产品、门店等老板们最关注和最需要的方面解决问题、提供方法	只要你是建材、家具、家居用品的经销商老板,这就是一本必读的书
	家具行业操盘手 王献永　著	家具行业问题的终结者	解决了干家具还有没有前途?为什么同城多店的家具经销商很难做大做强等问题
	建材家居营销:除了促销还能做什么 孙嘉晖　著	一线老手的深度思考,告诉你在建材家居营销模式基本停滞的今天,除了促销,营销还能怎么做	给你的想法一场革命
	建材家居营销实务 程绍珊　杨鸿贵　主编	价值营销运用到建材家居,每一步都让客户增值	有自己的系统、实战
	家居建材门店6力爆破 贾同领　著	合盘道出一线品牌销量秘籍	6力招招见血,既有招数,又有策略
	建材家居门店销量提升 贾同领　著	店面选址、广告投放、推广助销、空间布局、生动展示、店面运营等	门店销量提升是一个系统工程,非常系统、实战
	10步成为最棒的建材家居门店店长 徐伟泽　著	实际方法易学易用,让员工能够迅速成长,成为独当一面的好店长	只要坚持这样干,一定能成为好店长
	手把手帮建材家居导购业绩倍增:成为顶尖的门店店员　熊亚柱　著	生动的表现形式,让普通人也能成为优秀的导购员,让门店业绩长红	读着有趣,用着简单,一本在手、业绩无忧
	建材家居经销商实战42章经 王庆云　著	告诉经销商:老板怎么当、团队怎么带、生意怎么做	忠言逆耳,看着不舒服就对了,实战总结,用一招半式就值了
工业品	**销售是门专业活:B2B、工业品** 陆和平　著	销售流程就应该跟着客户的采购流程和关注点的变化向前推进,将一个完整的销售过程分成十个阶段,提供具体方法	销售不是请客吃饭拉关系,是个专业的活计!方法在手,走遍天下不愁
	解决方案营销实战案例 刘祖轲　著	用10个真案例讲明白什么是工业品的解决方案式营销,实战、实用	有干货、真正操作过的才能写得出来
	变局下的工业品企业7大机遇 叶敦明　著	产业链条的整合机会、盈利模式的复制机会、营销红利的机会、工业服务商转型机会……	工业品企业还可以这样做,思维大突破

续表

工业品	**工业品市场部实战全指导** 杜　忠　著	工业品市场部经理工作内容全指导	系统、全面、有理论、有方法，帮助工业品市场部经理更快提升专业能力
	工业品营销管理实务 李洪道　著	中国特色工业品营销体系的全面深化、工业品营销管理体系优化升级	工具更实战，案例更鲜活，内容更深化
	工业品企业如何做品牌 张东利　著	为工业品企业提供最全面的品牌建设思路	有策略、有方法、有思路、有工具
	丁兴良讲工业 4.0 丁兴良　著	没有枯燥的理论和说教，用朴实直白的语言告诉你工业 4.0 的全貌	工业 4.0 是什么？本书告诉你答案
	资深大客户经理：策略准，执行狠 叶敦明　著	从业务开发、发起攻势、关系培育、职业成长四个方面，详述了大客户营销的精髓	满满的全是干货
	一切为了订单：订单驱动下的工业品营销实战 唐道明　著	其实，所有的企业都在围绕着两个字在开展全部的经营和管理工作，那就是“订单”	开发订单、满足订单、扩大订单。本书全是实操方法，字字珠玑、句句干货，教你获得营销的胜利
金融	**交易心理分析** （美）马克·道格拉斯　著　刘真如　译	作者一语道破赢家的思考方式，并提供了具体的训练方法	不愧是投资心理的第一书，绝对经典
	精品银行管理之道 崔海鹏　何　屹　主编	中小银行转型的实战经验总结	中小银行的教材很多，实战类的书很少，可以看看
	支付战争 Eric M. Jackson　著　徐　彬　王　晓　译	PayPal 创业期营销官，亲身讲述 PayPal 从诞生到壮大到成功出售的整个历史	激烈、有趣的内幕商战故事！了解美国支付市场的风云巨变
	中外并购名著专业阅读指南 叶兴平　等著	在 5000 多本并购类图书中精选的 200 著作，在阅读的基础上写的读书评价	精挑细选 200 本并一一评介，省去读者挑选的烦恼，快捷、高效
	互联网时代的银行转型 韩友诚　著	以大量案例形式为读者全面展示和分析了银行的互联网金融转型应对之道	结合本土银行转型发展案例的书籍
房地产	**产业园区/产业地产规划、招商、运营实战** 阎立忠　著	目前中国第一本系统解读产业园区和产业地产建设运营的实战宝典	从认知、策划、招商到运营全面了解地产策划
	人文商业地产策划 戴欣明　著	城市与商业地产战略定位的关键是不可复制性，要发现独一无二的“味道”	突破千城一面的策划困局
	电影院的下一个黄金十年：开发·差异化·案例 李保煜　著	对目前电影院市场存大的问题及如何解决进行了探讨与解读	多角度了解电影院运营方式及代表性案例
能源	**全能型班组：城市能源互联网与电力班组升级** 国网天津市电力公司　编著	借鉴国内外优秀企业的转型升级思路，通过对于新型班组组织模式和运行机制的大胆设想，力图构建充分适应内外环境变化的全能型班组	看看庞大的国企在新环境下是如何顺应时代的
	国网天津电力全能型班组建设实务 国网天津市电力公司　编著	本书聚焦于天津电力公司在探索全能型班组转型升级时的优秀实践	电力行业的班组实践，具体、可操作性强

续表

经营类：企业如何赚钱，如何抓机会，如何突破，如何“开源”			
书名．作者		内容/特色	读者价值
抓方向	**让经营回归简单．升级版** 宋新宇　著	化繁为简抓住经营本质：战略、客户、产品、员工、成长	经典，做企业就这几个关键点！
	混沌与秩序Ⅰ：变革时代企业领先之道 **混沌与秩序Ⅱ：变革时代管理新思维** 彭剑锋　尚艳玲　主编	汇集华夏基石专家团队10年来研究成果，集中选择了其中的精华文章编纂成册	作者都是既有深厚理论积淀又有实践经验的重磅专家，为中国企业和企业家的未来提出了高屋建瓴的观点
	活系统：跟任正非学当老板 孙行健　尹　贤　著	以任正非的独到视角，教企业老板如何经营公司	看透公司经营本质，激活企业活力
	重构：快消品企业重生之道 杨永华　著	从7个角度，帮助企业实现系统性的改造	提供转型思想与方法，值得参考
	公司由小到大要过哪些坎 卢　强　著	老板手里的一张“企业成长路线图”	现在我在哪儿，未来还要走哪些路，都清楚了
	企业二次创业成功路线图 夏惊鸣　著	企业曾经抓住机会成功了，但下一步该怎么办？	企业怎样获得第二次成功，心里有个大框架了
	老板经理人双赢之道 陈　明　著	经理人怎养选平台、怎么开局，老板怎样选/育/用/留	老板生闷气，经理人牢骚大，这次知道该怎么办了
	简单思考：AMT 咨询创始人自述 孔祥云　著	著名咨询公司（AMT）的CEO创业历程中点点滴滴的经验与思考	每一位咨询人，每一位创业者和管理经营者，都值得一读
	企业文化的逻辑 王祥伍　黄健江　著	为什么企业绩效如此不同，解开绩效背后的文化密码	少有的深刻，有品质，读起来很流畅
	使命驱动企业成长 高可为　著	钱能让一个人今天努力，使命能让一群人长期努力	对于想做事业的人，‘使命’是绕不过去的
思维突破	**盈利原本就这么简单** 高可为　著	从财务的角度揭示企业盈利的秘密	多方面解读商业模式与盈利的关系，通俗易懂，受益匪浅
	移动互联新玩法：未来商业的格局和趋势 史贤龙　著	传统商业、电商、移动互联，三个世界并存，这种新格局的玩法一定要懂	看清热点的本质，把握行业先机，一本书搞定移动互联网
	画出公司的互联网进化路线图：用互联网思维重塑产品、客户和价值 李　蓓　著	18个问题帮助企业一步步梳理出互联网转型思路	思路清晰、案例丰富，非常有启发性
	重生战略：移动互联网和大数据时代的转型法则 沈　拓　著	在移动互联网和大数据时代，传统企业转型如同生命体打算与再造，称之为“重生战略”	帮助企业认清移动互联网环境下的变化和应对之道

续表

思维突破	**创造增量市场：传统企业互联网转型之道** 刘红明　著	传统企业需要用互联网思维去创造增量，而不是用电子商务去转移传统业务的存量	教你怎么在“互联网 +”的海洋中创造实实在在的增量
	7 个转变，让公司 3 年胜出 李　蓓　著	消费者主权时代，企业该怎么办	这就是互联网思维，老板有能这样想，肯定倒不了
	跳出同质思维，从跟随到领先 郭　剑　著	66 个精彩案例剖析，帮助老板突破行业长期思维惯性	做企业竟然有这么多玩法，开眼界
	麻烦就是需求　难题就是商机 卢根鑫　著	如何借助客户的眼睛发现商机	什么是真商机，怎么判断、怎么抓，有借鉴
	互联网 +“变”与“不变”：本土管理实践与创新论坛集萃 · 2016 本土管理实践与创新论坛　著	加速本土管理思想的孕育诞生，促进本土管理创新成果更好地服务企业、贡献社会	各个作者本年度最新思想，帮助读者拓宽眼界、突破思维
	消费升级：实践　研究（文集） 本土管理实践与创新论坛　著	38 位管理专家及 7 位学者的精华思想，从经营、管理、行业及思想研究四个方面阐述中国企业在消费升级下的实践与研究	思想启发，行业借鉴
财务	**写给企业家的公司与家庭财务规划——从创业成功到富足退休** 周荣辉　著	本书以企业的发展周期为主线，写各阶段企业与企业主家庭的财务规划	为读者处理人生各阶段企业与家庭的财务问题提供建议及方法，让家庭成员真正享受财富带来的益处
	互联网时代的成本观 程　翔　著	本书结合互联网时代提出了成本的多维观，揭示了多维组合成本的互联网精神和大数据特征，论述了其产生背景、实现思路和应用价值	在传统成本观下为盈利的业务，在新环境下也许就成为亏损业务。帮助管理者从新的角度来看待成本，进一步做好精益管理
	财报背后的投资机会 蒋　豹　著	以具体的公司案例分析，教你迅速看出财务报表与企业经营的关系、所反映的企业经营现状，从而找到投资机会	前四大会计所员工为读者解密财报，发现投资机会

管理类：效率如何提升，如何实现经营目标，如何“节流”

	书名．作者	内容/特色	读者价值
通用管理	**让管理回归简单 · 升级版** 宋新宇　著	从目标、组织、决策、授权、人才和老板自己层面教你怎样做管理	帮助管理抓住管理的要害，让管理变得简单
	让经营回归简单 · 升级版 宋新宇　著	从战略、客户、产品、员工、成长、经营者自身等七个方面，归纳总结出简单有效的经营法则	总结出的真正优秀企业的成功之道：简单
	让用人回归简单 宋新宇　著	从用人的原则、用人的难题与误区、用人的方法和用人者的修炼四大方面，总结出适合中小企业做好人才管理工作的法则	帮助管理者抓住用人的要害，让用人变得简单

续表

通用管理	**历史深处的管理智慧1:组织建设与用人之道** 刘文瑞　著	对历史之典故、政事、人事、政制进行管理解析,鉴照企业人才的选用育留	推动理论与实践的对接,实现理性与情感的渗透,用中国话语说明管理智慧
	历史深处的管理智慧2:战略决策与经营运作 刘文瑞 著	对历史之典故、政事、人事、政制进行管理解析,鉴照企业战略设计与经营实践	推动理论与实践的对接,实现理性与情感的渗透,用中国话语说明管理智慧
	历史深处的管理智慧3:领导修炼与文化素养 刘文瑞　著	对历史之典故、政事、人事、政制进行管理解析,鉴照企业领导职业能力提升与文化修养	推动理论与实践的对接,实现理性与情感的渗透,用中国话语说明管理智慧
	管理的尺度 刘文瑞　著	对管理中的种种普遍性问题进行了批评	提高把握管理尺度的能力
	管理学在中国 刘文瑞　著	系统性介绍了管理学在中国的发展和演变	了解管理学在中国的发展脉络,更清晰理解管理学的本质
	看电影,懂管理 刘文瑞　著	16 部经典电影,带你感悟管理智慧	能够帮助读者放松身心,驰骋想象,在不知不觉中增长智慧
	管理:以规则驾驭人性 王春强　著	详细解读企业规则的制定方法	从人与人博弈角度提升管理的有效性
	员工心理学超级漫画版 邢　雷　著	以漫画的形式深度剖析员工心理	帮助管理者更了解员工,从而更轻松地管理员工
	老板有想法,高层有干法:企业中的将帅之道 王清华　著	深入剖析老板与高管的异同	各司其职,各行其是,相辅相成
	分股合心:股权激励这样做 段磊　周剑　著	通过丰富的案例,详细介绍了股权激励的知识和实行方法	内容丰富全面、易读易懂,了解股权激励,有这一本就够了
	边干边学做老板 黄中强　著	创业 20 多年的老板,有经验、能写、又愿意分享,这样的书很少	处处共鸣,帮助中小企业老板少走弯路
	成为敏感而体贴的公司 王　涛　著	本书为作者对企业的观察和冥想的随笔记录。从生活中的一个现象入手,进而探索现象背后的本质	从全新角度认识公司
	中国企业的觉醒:正直 善良 成长 王　涛　著	围绕着企业人如何发生转化展开,对中国人、中国文化及由此导致的企业现状的观察和思考	企业除了要利润,还需要道德
	有意识的思考:轻松化解问题的 7 个思考习惯 王　涛　著	本书是对思想、思考过程、思考方式进行的细致观察	养成好的思考习惯,更深刻地看问题
	中国式阿米巴落地实践之从交付到交易 胡八一　著	本书主要讲述阿米巴经营会计,"从交付到交易",这是成功实施了阿米巴的标志	阿米巴经营会计的工作是有逻辑关联的,一本书就能搞定
	中国式阿米巴落地实践之激活组织 胡八一　著	重点讲解如何科学划分阿米巴单元,阐述划分的实操要领、思路、方法、技术与工具	最大限度减少"推行风险"和"摸索成本",利于公司成功搭建适合自身的个性化阿米巴经营体系
	中国式阿米巴落地实践之持续盈利 胡八一　著	把企业做成平台,企业才能做大(格局);把平台做成阿米巴,企业才能做强(专业);把阿米巴做成合伙制,企业才能做久(机制)	中国式阿米巴落地实践三部曲的最后一部,告诉你企业如何做大做强做久

续表

通用管理	**集团化企业阿米巴实战案例** 初勇钢　著	一家集团化企业阿米巴实施案例	指导集团化企业系统实施阿米巴
	阿米巴经营的中国模式 李志华　著	让员工从“要我干”到“我要干”，价值量化出来	阿米巴在企业如何落地，明白思路了
	欧博心法：好管理靠修行 曾　伟　著	用佛家的智慧，深刻剖析管理问题，见解独到	如果真的有‘中国式管理’，曾老师是其中标志性人物
	领导这样点燃你的下属 孟广桥　著	领导者如何才能让员工积极主动地工作？如何让你的员工和下属保持工作的热情，自动自发？看了这本书就知道	只要你希望手下的“兵将”永远充满工作的斗志，这本书将使你获益良多
流程管理	**1. 用流程解放管理者** **2. 用流程解放管理者 2** 张国祥　著	中小企业阅读的流程管理、企业规范化的书	通俗易懂，理论和实践的结合恰到好处
	跟我们学建流程体系 陈立云　著	畅销书《跟我们学做流程管理》系列，更实操，更细致，更深入	更多地分享实践，分享感悟，从实践总结出来的方法论
	人人都要懂流程 金国华　余雅丽　著	当前各企业流程管理方面最为典型的痛点现象及问题案例	通俗易懂，适合企业全员阅读
质量管理	IATF16949 **质量管理体系详解与案例文件汇编：**TS16949 **转版** IATF16949：2016 谭洪华　著	针对 IATF 的新标准做了详细的解说，同时指出了一些推行中容易犯的错误，提供了大量的表单、案例	案例、表单丰富，拿来就用
	五大质量工具详解及运用案例：APQP/FMEA/PPAP/MSA/SPC 谭洪华　著	对制造业必备的五大质量工具中每个文件的制作要求、注意事项、制作流程、成功案例等进行了解读	通俗易懂、简便易行，能真正实现学以致用
	ISO9001：2015 新版质量管理体系详解与案例文件汇编 谭洪华　著	紧密围绕 2015 年新版质量管理体系文件逐条详细解读，并提供可以直接套用的案例工具，易学易上手	企业质量管理认证、内审必备
	ISO14001：2015 新版环境管理体系详解与案例文件汇编 谭洪华　著	紧密围绕 2015 年新版环境管理体系文件逐条详细解读，并提供可以直接套用的案例工具，易学易上手	企业环境管理认证、内审必备
	SA8000：2014 社会责任管理体系认证实战 吕　林　著	作者根据自己的操作经验，按认证的流程，以相关案例进行说明 SA8000 认证体系	简单，实操性强，拿来就能用
	精益质量管理实战工具 贺小林　著	制造类企业日常工作中所需要的精益管理工具的归纳整理，并进行案例操作的细致分析	可以直接参考，实际解决生产中的具体问题

续表

战略落地	**重生——中国企业的战略转型** 施　炜　著	从前瞻和适用的角度，对中国企业战略转型的方向、路径及策略性举措提出了一些概要性的建议和意见	对企业有战略指导意义
	公司大了怎么管：从靠英雄到靠组织 AMT 金国华　著	第一次详尽阐释中国快速成长型企业的特点、问题及解决之道	帮助快速成长型企业领导及管理团队理清思路，突破瓶颈
	低效会议怎么改：每年节省一半会议成本的秘密 AMT 王玉荣　著	教你如何系统规划公司的各级会议，一本工具书	教会你科学管理会议的办法
	年初订计划，年尾有结果：战略落地七步成诗 AMT 郭晓　著	7 个步骤教会你怎么让公司制定的战略转变为行动	系统规划，有效指导计划实现
人力资源	**HRBP 是这样炼成的之“菜鸟起飞”** 新　海　著	以小说的形式，具体解析 HRBP 的职责，应该如何操作，如何为业务服务	实践者的经验分享，内容实务具体，形式有趣
	HRBP 是这样炼成的之中级修炼 新　海　著	本书以案例故事的方式，介绍了 HRBP 在实际工作中碰到的问题和挑战	书中的 HR 解决方案讲究因时因地制宜、简单有效的原则，重在启发读者思路，可供各类企业 HRBP 借鉴
	HRBP 是这样炼成的之高级修炼 新　海　著	以故事的形式，展现了 HRBP 工作者在职业发展路上的层层深入和递进	为读者提供 HRBP 在实际工作中遇到种种问题的解决方案
	把面试做到极致：首席面试官的人才甄选法 孟广桥　著	作者用自己几十年的人力资源经验总结出的一套实用的确定岗位招聘标准、提升面试官技能素质的简便方法	面试官必备，没有空泛理论，只有巧妙的实操技能
	人力资源体系与 e－HR 信息化建设 刘书生　陈　莹　王美佳　著	将作者经历的人力资源管理变革、人力资源管理信息化咨询项目方法论、工具和成果全面展现给读者，使大家能够将其快速应用到管理实践中	系统性非常强，没有废话，全部是浓缩的干货
	回归本源看绩效 孙　波　著	让绩效回顾“改进工具”的本源，真正为企业所用	确实是来源于实践的思考，有共鸣
	世界 500 强资深培训经理人教你做培训管理 陈　锐　著	从 7 大角度具体细致地讲解了培训管理的核心内容	专业、实用、接地气
	曹子祥教你做激励性薪酬设计 曹子祥　著	以激励性为指导，系统性地介绍了薪酬体系及关键岗位的薪酬设计模式	深入浅出，一本书学会薪酬设计
	曹子祥教你做绩效管理 曹子祥　著	复杂的理论通俗化，专业的知识简单化，企业绩效管理共性问题的解决方案	轻松掌握绩效管理
	把招聘做到极致 远　鸣　著	作为世界 500 强高级招聘经理，作者数十年招聘经验的总结分享	带来职场思考境界的提升和具体招聘方法的学习
	人才评价中心．超级漫画版 邢　雷　著	专业的主题，漫画的形式，只此一本	没想到一本专业的书，能写成这效果
	走出薪酬管理误区 全怀周　著	剖析薪酬管理的 8 大误区，真正发挥好枢纽作用	值得企业深读的实用教案

续表

人力资源	**集团化人力资源管理实践** 李小勇　著	对搭建集团化的企业很有帮助，务实，实用	最大的亮点不是理论，而是结合实际的深入剖析
	我的人力资源咨询笔记 张　伟　著	管理咨询师的视角，思考企业的 HR 管理	通过咨询师的眼睛对比很多企业，有启发
	本土化人力资源管理 8 大思维 周　剑　著	成熟 HR 理论，在本土中小企业实践中的探索和思考	对企业的现实困境有真切体会，有启发
企业文化	**36 个拿来就用的企业文化建设工具** 海融心胜　主编	数十个工具，为了方便拿来就用，每一个工具都严格按照工具属性、操作方法、案例解读划分，实用、好用	企业文化工作者的案头必备书，方法都在里面，简单易操作
	企业文化建设超级漫画版 邢　雷　著	以漫画的形式系统教你企业文化建设方法	轻松易懂好操作
	华夏基石方法：企业文化落地本土实践 王祥伍　谭俊峰　著	十年积累、原创方法、一线资料，和盘托出	在文化落地方面真正有洞察，有实操价值的书
	企业文化的逻辑 王祥伍　著	为什么企业之间如此不同，解开绩效背后的文化密码	少有的深刻，有品质，读起来很流畅
	企业文化激活沟通 宋杼宸　安　琪　著	透过新任 HR 总经理的眼睛，揭示出沟通与企业文化的关系	有实际指导作用的文化落地读本
	在组织中绽放自我：从专业化到职业化 朱仁健　王祥伍　著	个人如何融入组织，组织如何助力个人成长	帮助企业员工快速认同并投入到组织中去，为企业发展贡献力量
	企业文化定位·落地一本通 王明胤　著	把高深枯燥的专业理论创建成一套系统化、实操化、简单化的企业文化缔造方法	对企业文化不了解，不会做？有这一本从概念到实操，就够了
生产管理	**精益思维：中国精益如何落地** 刘承元　著	笔者二十余年企业经营和咨询管理的经验总结	中国企业需要灵活运用精益思维，推动经营要素与管理机制的有机结合，推动企业管理向前发展
	300 张现场图看懂精益 5S 管理 乐　涛　编著	5S 现场实操详解	案例图解，易懂易学
	高员工流失率下的精益生产 余伟辉　著	中国的精益生产必须面对和解决高员工流失率问题	确实来源于本土的工厂车间，很务实
	车间人员管理那些事儿 岑立聪　著	车间人员管理中处理各种“疑难杂症”的经验和方法	基层车间管理者最闹心、头疼的事，‘打包’解决
	1. 欧博心法：好管理靠修行 **2. 欧博心法：好工厂这样管** 曾　伟　著	他是本土最大的制造业管理咨询机构创始人，他从 400 多个项目、上万家企业实践中锤炼出的欧博心法	中小制造型企业，一定会有很强的共鸣

续表

生产管理	**欧博工厂案例 1:生产计划管控对话录** **欧博工厂案例 2:品质技术改善对话录** **欧博工厂案例 3:员工执行力提升对话录** 曾　伟　著	最典型的问题、最详尽的解析,工厂管理 9 大问题 27 个经典案例	没想到说得这么细,超出想象,案例很典型,照搬都可以了
	工厂管理实战工具 欧博企管　编著	以传统文化为核心的管理工具	适合中国工厂
	苦中得乐:管理者的第一堂必修课 曾　伟　编著	曾伟与师傅大愿法师的对话,佛学与管理实践的碰撞,管理禅的修行之道	用佛学最高智慧看透管理
	比日本工厂更高效 1:管理提升无极限 刘承元　著	指出制造型企业管理的六大积弊;颠覆流行的错误认知;掌握精益管理的精髓	每一个企业都有自己不同的问题,管理没有一剑封喉的秘笈,要从现场、现物、现实出发
	比日本工厂更高效 2:超强经营力 刘承元　著	企业要获得持续盈利,就要开源和节流,即实现销售最大化,费用最小化	掌握提升工厂效率的全新方法
	比日本工厂更高效 3:精益改善力的成功实践 刘承元　著	工厂全面改善系统有其独特的目的取向特征,着眼于企业经营体质(持续竞争力)的建设与提升	用持续改善力来飞速提升工厂的效率,高效率能够带来意想不到的高效益
	3A 顾问精益实践 1:IE 与效率提升 党新民　苏迎斌　蓝旭日　著	系统的阐述了 IE 技术的来龙去脉以及操作方法	使员工与企业持续获利
	3A 顾问精益实践 2:JIT 与精益改善 肖志军　党新民　著	只在需要的时候,按需要的量,生产所需的产品	提升工厂效率
	手把手教你做专业的生产经理 黄　娜　著	物流、信息流、资金流,让生产经理管理有抓手	从菜鸟到能把控全局
员工素质提升	**TTT 培训师精进三部曲(上):深度改善现场培训效果** 廖信琳　著	现场把控不用慌,这里有妙招一用就灵	课程现场无论遇到什么样的情况都能游刃有余
	TTT 培训师精进三部曲(中):构建最有价值的课程内容 廖信琳　著	这样做课程内容,学员有收获 培训师也有收获	优质的课程内容是树立个人品牌的保证
	TTT 培训师精进三部曲(下):职业功力沉淀与修为提升 廖信琳　著	从内而外提升自己,职业的道路一帆风顺	走上职业 TTT 内训师的康庄大道
	培训师,如何让你的事业长青:自我管理的 10 项法则 廖信琳　著	建立了一套完整的培训师自我管理体系,为培训师的职业成长与发展提供有益的指引	培训师如何在自己的职业道路上越走越高,事业长青,一直有所收获与成长?本书将给你答案

续表

员工素质提升	**管理咨询师的第一本书：百万年薪 千万身价** 熊亚柱　著	从问题出发，发现问题、分析问题、解决问题，让两眼一抹黑的新人快速成长	管理咨询师初入职场，让这本书开启百万年薪之路
	手把手教你做专业督导：专卖店、连锁店 熊亚柱　著	从督导的职能、作用，在工作中需要的专业技能、方法，都提供了详细的解读和训练办法，同时附有大量的表单工具	无论是店铺需要统一培训，还是个人想成为优秀的督导，有这一本就够了
	跟老板"偷师"学创业 吴江萍　余晓雷　著	边学边干，边观察边成长，你也可以当老板	不同于其他类型的创业书，让你在工作中积累创业经验，一举成功
	销售轨迹：一位快消品营销总监的拼搏之路 秦国伟　著	本书讲述了一个普通销售员打拼成为跨国企业营销总监的真实奋斗历程	激励人心，给广大销售员以力量和鼓舞
	在组织中绽放自我：从专业化到职业化 朱仁健　王祥伍　著	个人如何融入组织，组织如何助力个人成长	帮助企业员工快速认同并投入到组织中去，为企业发展贡献力量
	企业员工弟子规：用心做小事，成就大事业 贾同领　著	从传统文化《弟子规》中学习企业中为人处事的办法，从自身做起	点滴小事，修养自身，从自身的改善得到事业的提升
	手把手教你做顶尖企业内训师：TTT 培训师宝典 熊亚柱　著	从课程研发到现场把控、个人提升都有涉及，易读易懂，内容丰富全面	想要做企业内训师的员工有福了，本书教你如何抓住关键，从入门到精通
	客诉处理金手指：客户投诉的应对与管理 孟广桥　著	立足于投诉处理的实践，剖析了不同投诉者投诉的特点和应对措施，并提供各种技巧方法、赢得客户信赖所需培养的品质修炼、处理投诉应掌握的法律法规等工具	是投诉处理人员适应岗位职能需要、提升工作技能的良师益友，是企业变诉为金、培养业务骨干的法宝

营销类：把客户需求融入企业各环节，提供"客户认为"有价值的东西

	书名．作者	内容/特色	读者价值
营销模式	**精品营销战略** 杜建君　著	以精品理念为核心的精益战略和营销策略	用精品思维赢得高端市场
	变局下的营销模式升级 程绍珊　叶　宁　著	客户驱动模式、技术驱动模式、资源驱动模式	很多行业的营销模式被颠覆，调整的思路有了！
	卖轮子 科克斯【美】	小说版的营销学！营销理念巧妙贯穿其中，贵在既有趣，又有深度	经典、有趣！一个故事读懂营销精髓
	动销操盘：节奏掌控与社群时代新战法 朱志明　著	在社群时代把握好产品生产销售的节奏，解析动销的症结，寻找动销的规律与方法	都是易读易懂的干货！对动销方法的全面解析和操盘
	弱势品牌如何做营销 李政权　著	中小企业虽有品牌但没名气，营销照样能做的有声有色	没有丰富的实操经验，写不出这么具体、详实的案例和步骤，很有启发

续表

营销模式	**老板如何管营销** 史贤龙　著	高段位营销 16 招，好学好用	老板能看，营销人也能看
	洞察人性的营销战术：沈坤教你 28 式 沈　坤　著	28 个匪夷所思的营销怪招令人拍案叫绝，涉及商业竞争的方方面面，大部分战术可以直接应用到企业营销中	各种谋略得益于作者的横向思维方式，将其操作过的案例结合其中，提供的战术对读者有参考价值
	动销：产品是如何畅销起来的 吴江萍　余晓雷　著	真真切切告诉你，产品究竟怎么才能卖出去	击中痛点，提供方法，你值得拥有
	1000 铁杆女粉丝 张兵武　著	连接是女性与生俱来的特质。能善用连接的营销人员，就像拿到打开女性荷包的钥匙	重新认识女性的传播力量
	360°谈营销：一位营销咨询师 20 年实战洞察 王清华　古怀亮　著	各个角度，全方位，多视点剥营销	思路单一，此书帮你破
	营销按钮：扣动一触即发的力量 老　苗　著	提供各种奇形怪状的营销武器	一定会带给你不一样的思维震撼
销售	**资深大客户经理：策略准，执行狠** 叶敦明　著	从业务开发、发起攻势、关系培育、职业成长四个方面，详述了大客户营销的精髓	满满的全是干货
	成为资深的销售经理：B2B、工业品 陆和平　著	围绕“销售管理的六个关键控制点”——展开，提供销售管理的专业、高效方法	方法和技术接地气，拿来就用，从销售员成长为经理不再犯难
	销售是门专业活：B2B、工业品 陆和平　著	销售流程就应该跟着客户的采购流程和关注点的变化向前推进，将一个完整的销售过程分成十个阶段，提供具体方法	销售不是请客吃饭拉关系，是个专业的活计！方法在手，走遍天下不愁
	向高层销售：与决策者有效打交道 贺兵一　著	一套完整有效的销售策略	有工具，有方法，有案例，通俗易懂
	卖轮子 科克斯　【美】	小说版的营销学！营销理念巧妙贯穿其中，贵在既有趣，又有深度	经典、有趣！一个故事读懂营销精髓
	学话术　卖产品 张小虎　著	分析常见的顾客异议，将优秀的话术模块化	让普通导购员也能成为销售精英
组织和团队	**升级你的营销组织** 程绍珊　吴越舟　著	用“有机性”的营销组织替代“营销能人”，营销团队变成“铁营盘”	营销队伍最难管，程老师不愧是营销第 1 操盘手，步骤方法都很成熟
	用数字解放营销人 黄润霖　著	通过量化帮助营销人员提高工作效率	作者很用心，很好的常备工具书
	成为优秀的快消品区域经理（升级版） 伯建新　著	用“怎么办”分析区域经理的工作关键点，增加 30% 全新内容，更贴近环境变化	可以作为区域经理的“速成催化器”

续表

组织和团队	**成为资深的销售经理:B2B、工业品** 陆和平　著	围绕“销售管理的六个关键控制点”——展开,提供销售管理的专业、高效方法	方法和技术接地气,拿来就用,从销售员成长为经理不再犯难
	一位销售经理的工作心得 蒋　军　著	一线营销管理人员想提升业绩却无从下手时,可以看看这本书	一线的真实感悟
	快消品营销:一位销售经理的工作心得2 蒋　军　著	快消品、食品饮料营销的经验之谈,重点突出	来源于实战的精华总结
	销售轨迹:一位快消品营销总监的拼搏之路 秦国伟　著	本书讲述了一个普通销售员打拼成为跨国企业营销总监的真实奋斗历程	激励人心,给广大销售员以力量和鼓舞
	用营销计划锁定胜局:用数字解放营销人2 黄润霖　著	全方位教你怎么做好营销计划,好学好用真简单	照搬套用就行,做营销计划再也不头痛
	快消品营销人的第一本书:从入门到精通 刘　雷　伯建新　著	快消行业必读书,从入门到专业	深入细致,易学易懂
产品	**产品开发管理方法・流程・工具:从作坊式到规范化** 任彭枞　著	产品研发管理体系全指导	既有工具,又能开拓思路
	新产品开发管理,就用IPD(升级版) 郭富才　著	10年IPD研发管理咨询总结,国内首部IPD专业著作	一本书掌握IPD管理精髓
	这样打造大单品: **案例　策略　方法** 迪智成咨询团队　著	囊括十三个不同行业、企业的实际案例,从不同角度详细剖析、总结了这些品牌厂家打造大单品的成功经验或者失败教训	厘清大单品打造的策划与路径,得出持续经营的思路与方法
	资深项目经理这样做新产品开发管理 秦海林　著	以IPD为思想,系统讲解新产品开管理的细节	提供管理思路和实用工具
	产品炼金术Ⅰ:如何打造畅销产品 史贤龙　著	满足不同阶段、不同体量、不同行业企业对产品的完整需求	必须具备的思维和方法,避免在产品问题上走弯路
	产品炼金术Ⅱ:如何用产品驱动企业成长 史贤龙　著	做好产品、关注产品的品质,就是企业成功的第一步	必须具备的思维和方法,避免在产品问题上走弯路
品牌	**中小企业如何建品牌** 梁小平　著	中小企业建品牌的入门读本,通俗、易懂	对建品牌有了一个整体框架
	采纳方法:破解本土营销8大难题 朱玉童　编著	全面、系统、案例丰富、图文并茂	希望在品牌营销方面有所突破的人,应该看看
	中国品牌营销十三战法 朱玉童　编著	采纳20年来的品牌策划方法,同时配有大量的案例	众包方式写作,丰富案例给人启发,极具价值
	今后这样做品牌:移动互联时代的品牌营销策略 蒋　军　著	与移动互联紧密结合,告诉你老方法还能不能用,新方法怎么用	今后这样做品牌就对了
	中小企业如何打造区域强势品牌 吴　之　著	帮助区域的中小企业打造自身品牌,如何在强壮自身的基础上往外拓展	梳理误区,系统思考品牌问题,切实符合中小区域品牌的自身特点进行阐述